法律家の国際協力

日弁連の国際司法支援活動の実践と展望

日本弁護士連合会［編］

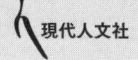

現代人文社

はしがき

　本書は、日本弁護士連合会（日弁連）の国際司法支援活動が本格的に開始されてから15年以上が経過したことを節目として、かかる活動に中心的に関わってきた会員らによる体験記を中心に、当連合会における同活動の歴史と今後の展望について、初めて体系的な書籍として刊行するものである。

　日弁連は、日本国憲法がうたう恒久平和主義・基本的人権の尊重、「弁護士は、基本的人権を擁護し、社会正義を実現することを使命とする」との弁護士法の基本理念および国際的人権基準の普遍的遵守と保障促進への決意、また「法の支配」が社会のすみずみに及ぼされ、市民の期待にこたえる司法の実現が弁護士の責務であるとの自覚に基づき、これらの目的は国内にとどまらず、国際的にも遂行されるべきとして、司法分野における国際的支援活動、すなわち国際司法支援活動を行ってきた。
　近年、日本と諸外国、特にアジア諸国との関係がより一層緊密化していることを受けて、日弁連の国際司法支援活動は急速に活発化している。その支援対象国は、カンボジア、ベトナム、ラオス、インドネシア、モンゴル、中国等を中心としてきたが、日弁連が実施した研修への招聘者の出身国も含めるならば、さらにタイ、マレーシア、インド、ウズベキスタン、東ティモールなど他のアジアの国とも広く協力関係にある。
　また、当連合会が、国際協力機構（JICA）からの要請をうけて、長期専門家（1年以上の期間現地に赴任する者）として現地に派遣した会員派遣者実績数は、カンボジアに7名、ベトナムに6名、モンゴル3名、インドネシア、ラオス、中国にそれぞれ2名、ネパールに1名と、これまでに計23名にものぼる（2012年1月現在）。これに短期専門家等として現地に派遣され、あるいは国内の支援グループに参画する等して関与した会員数も加えれば、相当数の会員が活動に従事してきたものである（活動の沿革の詳細については矢吹公敏弁護士執筆にかかる第1部第1章をご覧頂きたい）。
　今後も、以上の実績を踏まえ、またさらなる社会のグローバル化に伴い、当連合会への支援要請は増加するものと考えられるところ、日弁連としては

上記使命を全うすべく、これらの支援要請になお一層積極的に応え、また、あるべき支援を模索・追求していきたいと考えている。そのためには、これまでの活動経験の蓄積を共有すること、要請に適切に対応できるような組織作りと強化、そして、関連諸機関との連携強化が必要である。

　近時、日本においても国際司法支援の分野の研究が盛んとなり、研究者、法務省等関連機関による書籍や定期刊行物等も多数出版されるようになっているが、本書は、現地への赴任経験や実際の支援活動への従事経験を有する会員による、現地での体験を交えた論考を中心とすることにより、会員の生の声をお伝えすることを主眼においている。本書は実際の司法支援活動が、現地でどのように行われているかの具体的な情報提供を行うものであるとともに、実務家法曹が考える国際司法支援活動という、新たな切り口をもった論考となったものと自負している。その点において本書が、関連諸機関からも当連合会の活動に一層のご関心とご理解をお持ち頂く契機となること、また支援のあり方に関する建設的な議論の契機となることを祈念する。

　また、本書により、日弁連の活動の意義および各会員の経験が広く共有されるとともに、特に多くの学生諸君、若手法曹にお読み頂き、同活動への関心を持って頂き、また、将来のキャリア等の参考としてもらうことも意図している。会員らの経験談を通じ、国際司法支援活動の意義と醍醐味を感じ取って頂ければ幸いである。

　最後に、本書出版に際して論考をお寄せ頂いた各執筆者の皆様、本書企画から出版までを担当された国際交流委員会、同委員会国際司法支援センター所属の皆様に、この場を借りて御礼申し上げる。

日本弁護士連合会
会長　山岸憲司

法律家の国際協力●目次

はしがき　2

第1部　総論

第1章
国際司法支援活動の軌跡　矢吹公敏 ── 10
日本弁護士連合会の活動
1　日弁連の国際司法支援活動の経緯⋯⋯⋯⋯⋯⋯⋯⋯⋯⋯⋯⋯⋯⋯⋯10
2　日弁連による支援体制整備⋯⋯⋯⋯⋯⋯⋯⋯⋯⋯⋯⋯⋯⋯⋯⋯⋯⋯15
3　日弁連による「基本方針」の策定⋯⋯⋯⋯⋯⋯⋯⋯⋯⋯⋯⋯⋯⋯⋯17
4　今後の展開⋯⋯⋯⋯⋯⋯⋯⋯⋯⋯⋯⋯⋯⋯⋯⋯⋯⋯⋯⋯⋯⋯⋯⋯19

第2章
国際司法支援活動の国際比較　松尾 弘 ── 20
1　はじめに⋯⋯⋯⋯⋯⋯⋯⋯⋯⋯⋯⋯⋯⋯⋯⋯⋯⋯⋯⋯⋯⋯⋯⋯⋯20
2　法整備協力におけるNGOの活動⋯⋯⋯⋯⋯⋯⋯⋯⋯⋯⋯⋯⋯⋯⋯20
3　日弁連の活動の特色と課題⋯⋯⋯⋯⋯⋯⋯⋯⋯⋯⋯⋯⋯⋯⋯⋯⋯⋯26
4　おわりに──市民社会のコンダクターからグローバル・ガバナンスの一翼へ⋯⋯29

第3章
開発途上国の「法整備」に対する
開発の視点からのアプローチ　佐藤直史 ── 34
独立行政法人国際協力機構の法整備支援
1　法律家と開発の視点──本章のねらい⋯⋯⋯⋯⋯⋯⋯⋯⋯⋯⋯⋯⋯34
2　JICAの法整備支援の基本方針⋯⋯⋯⋯⋯⋯⋯⋯⋯⋯⋯⋯⋯⋯⋯⋯37
3　JICA法整備支援案件の企画・立案、実施、モニタリング、
　　評価、教訓の蓄積と反映⋯⋯⋯⋯⋯⋯⋯⋯⋯⋯⋯⋯⋯⋯⋯⋯⋯⋯45
4　法整備支援の展望⋯⋯⋯⋯⋯⋯⋯⋯⋯⋯⋯⋯⋯⋯⋯⋯⋯⋯⋯⋯⋯54
5　最後に⋯⋯⋯⋯⋯⋯⋯⋯⋯⋯⋯⋯⋯⋯⋯⋯⋯⋯⋯⋯⋯⋯⋯⋯⋯58

第2部 実践報告

第1章
カンボジアでの立法支援　本間佳子 —— 66
1 日本の立法支援 …… 66
2 カンボジアに対する立法支援 …… 66
[コラム] 郵便事情——カンボジア　眞鍋佳奈 …… 73

第2章
ベトナムでの立法支援　石那田隆之 —— 74
1 総論 …… 74
2 立法支援の定義およびその目的 …… 75
3 立法支援の具体的手法 …… 75
4 今後の立法支援のあり方について …… 78

第3章
中国での立法支援　住田尚之 —— 81
1 はじめに …… 81
2 本プロジェクトの概要 …… 81
3 本プロジェクトが対象とする法律とその主な活動 …… 82
4 長期専門家の活動 …… 86
5 最後に …… 89

第4章
カンボジアでの弁護士養成支援①　上柳敏郎 —— 92
弁護士養成校設立まで
1 はじめに …… 92
2 90年代の弁護士養成と日本弁護士の関与 …… 92
3 弁護士養成校へ …… 95

第5章
カンボジアでの弁護士養成支援②　吉澤敏行 —— 97
弁護士養成校設立から
1 はじめに …… 97
2 2002年9月から2005年8月まで …… 97

- 3 2007年6月から2010年6月まで ……………………………… 100
- 4 カンボジアの弁護士と司法制度 ……………………………… 102
- 5 おわりに …………………………………………………… 103

第6章
カンボジアでの弁護士養成支援③　宮家俊治 ──── 105
リーガル・クリニック

- 1 はじめに …………………………………………………… 105
- 2 リーガル・クリニックとは ………………………………… 105
- 3 カンボジア版リーガル・クリニックの目的 ………………… 106
- 4 リーガル・クリニックの活動 ……………………………… 106
- 5 将来の課題と展望 ………………………………………… 110

第7章
カンボジアでの弁護士会支援　神木 篤 ─────── 112

- 1 個人の経歴・支援の歴史 …………………………………… 112
- 2 プロジェクトの枠組み …………………………………… 112
- 3 国際協力の際の留意点およびカンボジア弁護士会の特殊性 … 116

第8章
モンゴルでの弁護士会支援　田邊正紀／磯井美葉 ──── 122

- 1 モンゴル概観 ……………………………………………… 122
- 2 モンゴル弁護士会支援の概要 ……………………………… 122
- 3 プロジェクトに至る経緯 ………………………………… 123
- 4 個別支援の内容 …………………………………………… 124
- 5 プロジェクト終了後 ……………………………………… 130
- 6 まとめ ……………………………………………………… 131
- ［コラム］法廷傍聴──モンゴル　田邊正紀 ……………… 133

第9章
モンゴルでの調停制度導入支援　田邊正紀／磯井美葉 ── 134

- 1 支援の概要 ………………………………………………… 134
- 2 モンゴルにおける代替的紛争解決手続（ADR）事情 ……… 134
- 3 弁護士会の法律相談・調停センターへの支援 ……………… 135
- 4 センター支援に関して生じた課題 ………………………… 139

5　まとめ ……………………………………………………………………… 143

第10章
インドネシアでの和解・調停制度強化改善支援　角田多真紀 ——— 145

　　1　プロジェクトの概要 ……………………………………………………… 145
　　2　支援の目標 ………………………………………………………………… 145
　　3　目標達成のための活動 …………………………………………………… 146
　　4　プロジェクト実施活動の経過 …………………………………………… 146
　　5　制度構築支援としての支援方法および成果 …………………………… 149
　　6　観察された課題点 ………………………………………………………… 151
　　7　制度構築支援のあり方 …………………………………………………… 151
　　［コラム］汚職との闘い――インドネシア　平石 努 ………………………… 153

第11章
モンゴルでの判例集出版支援　田邊正紀 ——————————— 154

　　1　モンゴルにおける判例集出版の概要 …………………………………… 154
　　2　プロジェクトに至る経緯 ………………………………………………… 154
　　3　プロジェクト実施における問題点 ……………………………………… 159
　　4　サブプロジェクト――判例活用法テキスト …………………………… 164
　　5　結び ………………………………………………………………………… 167

第3部　展望

第1章
若手弁護士の国際司法支援活動への参加　鈴木多恵子 ——— 170
その課題と展望

　　1　はじめに …………………………………………………………………… 170
　　2　日弁連の国際司法支援活動と若手弁護士の参加 ……………………… 170
　　3　若手の国際司法支援活動参加における課題と展望 …………………… 173

第2章
日本弁護士連合会による国際司法支援の展望　矢吹公敏 ——— 177

　　1　国際司法支援と我が国の司法界 ………………………………………… 177
　　2　今後の日弁連の国際司法支援活動の展望 ……………………………… 178

第4部 資料

資料①
日本弁護士連合会による国際司法支援活動の基本方針 —— 184
1　基本理念 ………………………………………………………………………… 184
2　基本方針 ………………………………………………………………………… 185

資料②
国際司法支援活動基本方針の解釈指針 —— 188
1　「対象国の民主化の状況、基本的人権・自由の保障状況に
　　十分に留意すべきである。」という文言について ………………………… 188
2　「法の支配」の解釈について ………………………………………………… 190
3　「ジェンダーの視点」について ……………………………………………… 191
4　「外部資金の利用」について ………………………………………………… 193
5　「日本の弁護士・司法制度の国際化」について …………………………… 193

あとがき　196

第 1 部　総論

第1章
国際司法支援活動の軌跡
日本弁護士連合会の活動

矢吹公敏

1　日弁連の国際司法支援活動の経緯

　日本弁護士連合会（日弁連）では、我が国の法律家が海外（特に、東南アジア諸国）で国際司法支援に積極的に参加する組織と制度を設計し、1995年頃から約17年にわたり活動してきた。その対象国の中心は、インドネシア、インドシナ3国（カンボジア、ベトナム、ラオス）、モンゴル、ウズベキスタン、中国などである。特に、国際協力機構（JICA）の各国際司法支援プロジェクトに協力機関として会員を派遣するなどして参加するとともに、大きなプロジェクトとしては、カンボジアの弁護士を養成支援を実施し（2007年12月〜2010年6月）、2001年の支援開始から約360名のカンボジア弁護士の養成に協力した。また、インドネシアではアチェの津波被害後の復興（調停制度の構築）に協力するなどしてきた。さらに、2008年から2年に1度、アジア司法アクセス会議を開催し、アジアにおける法律扶助を含む司法アクセスのネットワーク化を行っている。

　以下、各プロジェクトの概要について説明する。

(1)　カンボジア

　日弁連の司法支援活動において、カンボジアに関係する同活動が一番長い歴史を有している。また、その支援形態も、JICAの政府開発援助（ODA）プロジェクトに参画するケース、日弁連独自にプロジェクトを提案して資金を得て実施するケースの2類型にわたる。また、その支援内容も、カンボジアの民法および民事訴訟法の立法作業、裁判官・検察官・弁護士等の研修（トレーニング）、クメール語文献の資材供与等司法支援全般にわたる。以下、具体的活動を簡潔に説明する。

ア　JICAプロジェクトへの参画

　日弁連では、1996年から2000年までJICAが主催するカンボジア法律家に対する本邦での研修に講師を派遣する等の協力をしてきた。また、JICAは、1999年3月からJICAの重要政策中枢支援の一つである国際司法支援プロジェクトを開始し、同国の民法および民事訴訟法の起草に協力したところ、日弁連では、同プロジェクトの国内支援委員会および事務局に会員を派遣するとともに、カンボジア司法省に対し、これまで7名の会員がJICA長期専門家として赴任している。

イ　カンボジア弁護士会に対する協力活動

　日弁連では、2000年10月にJICAの国際司法支援プロジェクトの一環として現地弁護士を対象に「民事紛争における弁護士の役割」、「法律扶助」、「弁護士倫理」、「刑事弁護士の研修」をテーマにセミナーを開催した。

　その経験を踏まえて、日弁連独自の非政府組織（NGO）プロジェクトとして、2000年度から始まったJICAの小規模パートナーシップ事業を申請し、その第1号として承認され、同年7月からプロジェクトが開始された。同プロジェクトは、カンボジア弁護士会をカウンターパートとして、①弁護士養成セミナーの開催および②法律扶助制度の制度提案をおこなった。

　①については、上記のようにJICAの重要政策中枢支援プロジェクトで起草されている同国の民事訴訟法の案文を資料として、「民事訴訟における弁護士の役割」をテーマに合計4回のセミナーを実施した。また、同時期にカナダ弁護士会およびリヨン弁護士会がカンボジア弁護士の養成プロジェクトを企画していたことから、3弁護士会によるユニークなプロジェクトとなった。

　②は、貧困層への司法サービスの機会保障（access to justice）の視点から、カンボジアにおける法律扶助制度の確立に向けた制度調査および将来の提言が主たる事業である。現地で東南アジアの弁護士を招聘してアジア法律扶助会議を開催し、国連人権高等弁務官の地域代表も参加して、有意義な会議となった[1]。

　2007年12月からは再度JICAから「カンボジア王国弁護士会司法支援プロジェクト」を受託し、2010年6月までの間、弁護士会運営助言、弁護士継続教育（民法、民事訴訟法の普及支援）を実施した。

　日弁連は、同国弁護士会との間で、2000年に友好協定を締結しているの

で、その後も交流を継続している。

ウ　カンボジア弁護士養成

さらに、日弁連は、JICAからの委託事業（開発パートナー事業）として2002年9月から3年間にわたる「カンボジア王国弁護士会司法支援プロジェクト」を受託し、中断していた弁護士養成校（正式名称：Center for Lawyers Training and Professional Improvement of the Kingdom of Cambodia）を復活させ、その後のプロジェクト継続期間も合わせて現在に至るまで総勢約360名のカンボジア弁護士を養成した。このプロジェクトでは、日弁連では、カリキュラム・テキスト作りについてすでに助言し、各科目毎にチューターを配置して技術指導を実施し、学校の運営についても、適宜助言を開始している。例えば、場所の調達でも、日弁連が大学関係者と交渉して側面から支援しており、職員の採用面接にも立ち会った。さらに、入学試験についても、公正な試験の実施方法について助言するとともに、試験当日はオブザーバーを派遣した。それ以外でも、資材の調達など幅広く支援してきた。また、リーガルクリニックを併設し、学生が実際に事件に触れる機会を設けた。また、このプロジェクトでは、カンボジア弁護士の継続教育およびジェンダー・トレーニングも実施した。

さらに、2007年12月からは、日弁連がJICAから委託を受けて、弁護士養成校の支援を再開し（2010年6月まで）、弁護士に対する民事訴訟法セミナー（継続教育）及び弁護士養成校におけるセミナーを短期専門家派遣により実施するとともに、同プロジェクト専属の長期専門家1名と密に連携して、効果的な支援を行った。現在、同養成校は自立し、自らその運営を行っている。

(2)　ベトナム

ベトナムの法制度整備に関するJICAの重要中枢技術支援活動でも、同プロジェクトの国内支援委員会に委員を派遣し、またJICA現地長期専門家としてこれまで10年にわたり合計6名の会員が勤務している。さらに、同国でのJICA主催のセミナーおよび本邦での研修に、多くの会員が講師として参加してきた。特に、2009年にベトナム弁護士会連合会が設立されたことを受けて、日弁連では、同年、同弁護士会理事者らに対する研修を受け入れ、弁護士会運営、弁護士自治、弁護士の継続教育等に関する研修を行った。2010年に

も同種の研修を受入れ、またさらに地方過疎問題を中心テーマとして2012年初頭にも研修を受け入れた。

(3) ラオス

　日弁連では、2000年5月にラオスに関する司法調査を初めて実施し、2011年8月には、同国弁護士会との間で弁護士の役割等に関する会議を共同実施している。JICAの同国に対する国際司法支援プロジェクトにも協力し、これまで長期の専門家として会員が2名現地で活動している。現地の弁護士数はいまだ100名前後であり、弁護士会の組織・財政的基盤も十分ではない。日弁連は2012年9月に、民間ファンドからの資金と自己資金により、同国でラオス司法アクセス会議を開催し、同国の支援に具体的に着手した。

(4) モンゴル

　モンゴルでは、JICAの弁護士会強化計画プロジェクトが4年間にわたり実施され、合計3名の会員がJICA長期専門家として、現地で勤務してきた。その後、調停制度に関するプロジェクトについて、会員1名を派遣した。特に、モンゴルの弁護士会の調停センターの支援では、ほぼ毎年実施されてきた日本での研修を含めてセンターの強化に助言している。また、2007年1月には同国で開催された国際人権条約セミナーに会員2名が講師として派遣された。

(5) インドネシア

　2005年にアチェの津波被害の調停人研修セミナーを現地で実施したことに始まり、インドネシアでは、2007年からJICAの和解調停強化支援プロジェクトに会員2名が赴任して、現地の最高裁判所などのカウンターパートと和解調停規則の作成および調停人の育成プロジェクトを行った。

(6) 中国

　中国に対しては、民事訴訟法、仲裁制度の改善（後に国際私法等も含まれた）について協力するプロジェクトが2008年に開始された。日弁連からは同プロジェクトチームに委員を派遣し、また現地にもJICA長期専門家としてこれま

で会員2名が赴任している。

(7) ネパール

　同国に対しては、JICAによる同国における平和構築・民主化プロセス支援プロジェクトについて、2010年から、日弁連会員1名を法整備支援アドバイザーとして派遣している。

(8) 個別プロジェクト

　日弁連では、2004年から毎年、海外技術者研修協会(AOTS)の本邦研修事業に応募して、特にアジアの途上国(上記の各国の他、ウズベキスタン、東ティモール、インドなど)から法曹を招聘して研修を実施してきた[2]。また、日弁連は、国際法曹協会(International Bar Association: IBA)、シンガポール弁護士会およびJICAとの共催により、2007年10月にシンガポールで司法へのアクセスに重点を置いた途上国弁護士会能力強化支援プログラムを実施した。
　さらに、2008年10月には、マレーシア弁護士会との共催で、同国クアラルンプールで、アジア途上国から弁護士を招聘して、「司法アクセスと弁護士会の役割」に関する国際会議を開催し、開催後は日弁連英文ホームページに、各国の司法アクセスに関する資料を掲載した。同会議は、2010年に第2回会議が、オーストラリア・ブリスベンで開催され、定期的なネットワーク会合となっている。2011年11月には日本で、JICAとの共催で、アジアの途上国から有識者や法曹20名弱を招聘し、司法アクセス問題に関する国際会議を開催した。司法アクセスの問題は、日弁連による支援の1つの柱となっている。

(9) 日弁連会員による活動

　さらに、日弁連の活動とは別に、日弁連の会員が国際司法支援活動に参加している例も多い。
　例えば、日本国内でのアジア開発銀行セミナーなどに対する講師派遣の他、これまで日弁連の会員が、国際開発法研究所(International Development Law Institute: IDLI)のマニラ事務所で職員として勤務したこともある。また、欧州復興開発銀行(European Bank for Reconstruction and Development: EBRD)にはこれまで合計3名の会員がその法務部に勤務し、

模範担保法の起草等に関与した。東ティモールに国連ボランティアの一員として長期に滞在し、支援協力活動に従事している会員もいる。JICAのウズベキスタン破産法プロジェクトに現地で専門家として参加した会員もいた。また、カンボジアの総選挙の監視活動に参加した会員もいる。

2 日弁連による支援体制整備

日弁連では、上記のような活動の広がりに迅速に対応し、かつ有意で適任の人材を派遣できるように組織・人・資金面での基盤整備を行っている。また、アジア地域の弁護士会との交流を深め、国際司法支援の分野でも有効な協力活動を行う努力もしている。以下、詳述する。

(1) 国際交流委員会国際司法支援センター

国際交流委員会では、部会としての国際司法支援センター (International Cooperation Center) を設置し、国際司法支援に機動的に対応できる組織作りを行っている。同センターには委員・幹事合わせて25名ほどの会員が所属して活動に従事しており、内部には同活動を恒常的に支える事務局も設置している[3]。同委員会は、国際的な事項について日弁連執行部を補佐している国際室とも緊密に連携し、日弁連全体でのプロジェクトを企画・運営・実施している。

(2) 国際司法支援活動弁護士登録制度

日弁連は、国際司法支援活動に参加する会員のプールとして、1999年9月に「国際司法支援活動弁護士登録制度」を設立した。日弁連は、数々の会員の派遣に対する要請に応え、より良い支援活動を実施するために、日弁連が情報の基地（ハブ）となって国際司法支援活動に参加する会員間の情報の交流・交換の機会を提供できるようにこの登録制度を設立したものである。

日弁連では、登録を希望する会員について、データベースに入力した上でこれを管理している。国際司法支援活動に関して、国際機関、諸外国等から会員の推薦の依頼があった場合は、登録された会員に対してその情報を提供して希望者を募るか、日弁連が登録者の中から適当な人材を推薦することに

なる。現在、この登録制度には約250名の会員が登録しており、実際にJICA長期専門家などの派遣に有効に活用されている。今後は、同制度の登録会員を増やすとともに、専門分野ごとの類型化などのより効率的なデータベース化を目指している。

(3) 国際司法支援活動に従事する弁護士のバックアップ事務所

日弁連は、2011年4月に「国際司法支援活動に従事する弁護士のバックアップ事務所登録制度」を創設した。この登録制度は、海外で国際司法支援活動に従事するものとして日弁連の推薦を受けた会員が、ある程度長期に亘って国際司法支援活動に従事するために海外に赴任する場合、所属先を退職して赴任するケースも多く、そのため海外赴任期間を完了して帰国した後、当該会員が日本において新たな所属事務所等を見つけるまでの期間において種々の困難が伴うことから、海外赴任前、海外赴任中及び海外赴任を終えて帰国後の一定期間所属することができる法律事務所（弁護士法人の法律事務所を含む）のリストを設け、会員の海外赴任の前後を通じての職務設計をバックアップできるように便宜をはかることとした。

(4) 国際司法支援に関する研修会および養成コース

日弁連では、国際司法支援活動に興味がある会員を集め、JICA長期専門家経験者や海外支援機関などから外部講師を招聘し、「世界銀行の国際司法支援活動と展望」、「アジアの弁護士会支援」、「和解・調停制度支援」などのテーマで、国際司法支援に関する研修会を定期的に開催している。今後も、国際司法支援に関するセミナーを継続的に開催し、同活動についての会員理解の浸透と、同活動のさらなる発展に役立てていく予定である。

2012年9月からは、将来国際司法支援活動に参加する弁護士を養成するための養成コースを実施している。

(5) 国際協力活動基金

国際司法支援も活動資金がなければ充実した活動はできない。日弁連は、非営利法人であり、会員からの会費でその活動が賄われている以上、国際交流委員会の予算の中でしか活動資金を支弁できない。そこで、先に述べた

JICA開発パートナーシップ事業のように外部からの資金を調達する必要がある。そのためには、事業の会計が一般会計とは切り離されて管理され、その処理が透明でなければならない。そこで、日弁連では、2001年3月に「国際協力活動基金」を設置し、同基金のもとで国際司法支援活動資金が管理され、適宜その活動に利用されている。

(6)　アジア弁護士会会長会議（Conference of the Presidents of Law Associations in Asia: POLA）

　アジアにおける弁護士会の会長会議が毎年開かれ、2012年で23回目を迎える。第1回および第10回の会議は日弁連が主催し、現在同会議の情報センターとしての役割を日弁連が担っている。同会議では、アジアで起こっている法曹界全体の問題について幅広く討議し、人的交流の場ともなっているが、日弁連が国際司法支援を実施する上での情報収集にも役立っている。

3　日弁連による「基本方針」の策定

　ところで、日弁連は、なぜ国際司法支援活動に携わるのであろうか。さらに、どのような姿勢で同活動に携わるべきなのであろうか。

　この点に関しては従来、弁護士の使命としての「基本的人権の擁護」（弁護士法1条）や、我が国の国際的協力の責務（憲法前文）などが意識されていたが、必ずしも十分に整理されてはいなかった。

　そこで、長年の経験の蓄積に基づく議論を経て、日弁連理事会で採択されたのが、「日本弁護士連合会による国際司法支援活動の基本方針」（2009年3月18日採択）である。全文は巻末に資料として掲載したのでそれを参照されたいが、その内容は概略以下のとおりである。

(1)　基本理念

　日弁連の国際司法支援活動は、以下のような基本理念に基づいて実施されるものとされている。

ア　基本的人権の保障と恒久平和主義

　日弁連が活動の基本としてきた憲法や、その活動の根拠となる弁護士法・

日弁連会則、さらにはその実施に積極的に関与・協力していくことを宣言したウィーン宣言およびその行動計画（世界人権会議1993年採択）に基づく責務の一環として、国際司法支援活動がある。その立場からは、「基本的人権の保障と恒久平和主義」が基本理念とされるべきである。

イ　法の支配

日弁連では、憲法の底流に流れる「法の支配 (rule of law)」が社会のすみずみにまで及ぼされ、市民の期待にこたえる司法を実現することが、弁護士・弁護士会の市民に対する責務であると考えるが、その責務は国内にとどまらず、国際的にも遂行されるべきものであり、基本理念の一つとすべきである。

(2)　基本方針

以上のような基本理念に基づき、以下のような項目の基本方針が定められた。

ア　基本理念の実現
イ　政治的不遍性と中立性
ウ　活動プロセス
　(ア)市民の自立支援、(イ)カウンターパート（共同実施者）との協働、(ウ)フォローアップの実施、(エ)安全性
エ　弁護士及び弁護士会への支援活動
オ　ODA（政府開発援助）との関係

(3)　解釈指針

なお、この基本方針の検討の過程で、基本方針に関連する国際司法支援に関する重要な論点についてさらに討議がなされたことから、その討議の結果が「国際司法支援活動基本方針の解釈指針」としてまとめられている。これも巻末に資料として収録されているので、参照されたいが、論点として挙げられているのは、次の諸点である。

ア　「対象国の民主化の状況、基本的人権・自由の保障状況に十分に留意すべきである。」という文言について
イ　「法の支配」の解釈について
ウ　「ジェンダーの視点」について

エ　「外部資金の利用」について
　　オ　「日本の弁護士・司法制度の国際化」について

4　今後の展開

　日弁連は、今後国際的な法曹団体や各国の法曹団体と国際司法支援の分野でも協力を拡大していくことを検討している。

　日弁連は、IBAの団体会員として、これまで同団体の人権活動に幅広く参加してきた。2007年には、紛争解決直後の国々に対する平和構築活動の一環としての国際司法支援活動を実施することを目的として、IBAが助力して設立されたInternational Legal Assistance Consortium（ILAC）の正式団体会員となり、理事として積極的に参加するとともに、2009年3月には、国連民主主義基金（United Nations Democracy Fund: UNDEF）からの助成資金により、イラクの弁護士に対する国際人権法・人道法のトレーニングプロジェクトをIBAと共にチェコのプラハで実施した。2012年には、ILACが計画しているミャンマー・プロジェクトに参加する。

　また、米国法曹協会（American Bar Association: ABA）は、国際司法支援の分野で中東欧司法支援イニシアチブ（Central European and Eurasian Law Initiative: CEELI）プロジェクトなど歴史のある活動と充実した組織を有しているところ、日弁連ではABAと協議を通じ、同団体が国連開発計画（United Nations Development Programme: UNDP）とともに実施するUNDPプロジェクトに積極的に協力してきており、今後この協力を強化することを検討している。

　1　その結果、カンボジアに政府から法律扶助制度に資金が拠出されるようになった。
　2　2004年度は「アジアの競争法」、2005年度は「国際仲裁」、2007年度は「コーポレートガバナンス」がテーマであった。
　3　もっとも弁護士は、日常業務に従事しながらの活動になるので、あくまで委員会の活動は所謂プロボノ活動に属する。

第2章
国際司法支援活動の国際比較

松尾 弘

1 はじめに

　本稿では、日本弁護士連合会（以下、日弁連）の国際司法支援活動を、法整備協力に関与するその他の組織、とりわけ同種の活動を行う非政府組織（NGO）の法整備協力活動と比較することをとおして、日弁連の活動の特色と、それが直面する課題を整理することを試みる。そして、日弁連の国際司法支援活動が、今日の法整備協力においてもつ意義を確認し、その活動の理論的意義を明らかにすることにより、今後の方向性を展望することが、本稿の目的である。

2 法整備協力におけるNGOの活動

(1) 法整備協力におけるNGOの意義と役割

　国際的な法整備協力（international legal cooperation）に対する国際機関、各国政府、大学等の研究機関、その他の団体、個人の活動が活発化する中で、非政府組織（NGO）が不可欠の役割を果たしている。NGOの関与なしには、法整備協力は、その歴史も現状も語ることができない[1]。それは、NGOが国際機関、地域機関、国家の政府が果たしえない独自の特色や機能を担っているからにほかならない。

　非政府組織（non-governmental organization: NGO）は、しばしば非営利組織（non-profit organization: NPO）と互換的に用いられるが、NPOが営利企業との相違を強調するのに対し、NGOは政府機構の一部でないことを強調するコンテクストで用いられる。その意味で、それは政府＝公的部門（public sector）とも企業＝民間部門（private sector）とも活動領域を異にす

る「第三セクター」ないし「第三の社会」という特徴づけも行われる。しかしまた、NGO／NPOは市民社会組織（civil society organizations: CSOs）ともただちに同義ではない。後者には、NGO／NPOのほか、労働組合、各種の協同組合、青年団体、女性団体等の中間団体、地縁団体、大衆組織（popular organization）、研究・信仰グループなど、多様な組織が混在しており、けっして一枚岩の組織ではない。そうしたCSOsの中にあって、NGO／NPOは、一定の理念（目的）を実現するために、自律的に組織され、主体的な活動を行うことにより、政府および営利組織の活動を監視するとともに、それらが果たしえない機能を補完し、全体としての市民社会の成熟度を増し、質を高めてゆく役割が期待されている。

(2)　弁護士会等の法律家団体

　こうした独自の機能を背景に、法整備協力の分野でも、NGOの活動は次第に拡大し、形態も多様化してきた。その中心は、各国に組織された弁護士会等の法律家団体である。日弁連の活動については本書で詳しく検討される[2]。

ア　米国法曹協会

　米国法曹協会（American Bar Association: ABA）は、東欧・旧ソ連邦諸国の法改革を支援し、「法の支配」を浸透させるために、「中東欧司法支援イニシアチブ」（Central European and Eurasian Law Initiative: CEELI。1990年設立）などを推進してきた。CEELIによる法整備支援（legal assistance）は、基本的に、被支援国の司法制度の担い手（リーダー）たちへの助言を通じ、法的インフラストラクチャーの整備を実践してきた。それはまず、アルバニア、ベラルーシ、ボスニア・ヘルツェゴビナ、ブルガリア、クロアチア、マケドニア、ルーマニア、セルビアで実施された。その後、CEELIは、アゼルバイジャン、グルジア、カザフスタン、コソボ、キルギスタン、モルドバ、ロシア、タジキスタン、トルクメニスタン、ウクライナに展開された。さらに、2007年以降、ABAはCEELIをその他の地域（アフリカ、アジア、ラテン・アメリカ、カリブ海諸国、中東、北アフリカ）における法の支配プロジェクトと統合し、ABA法の支配イニシアチブ（ABA Rule of Law Initiative: ABA-ROLI）を発足させた。ABA-ROLIは40か国以上に及んでいる[3]。

また、ABAの特色ある法整備協力活動の一つとして、ABAの国際法部（Section of International Law）と国連開発計画（United Nations Development Programme: UNDP）の共同事業として、1999年に創設された、国際法リソース・センター（International Legal Resource Center: ILRC）がある。その主要な活動は、被支援国に長期・短期で派遣可能な法律家や国際開発の専門家の紹介、被支援国に関する国際標準に準拠した法的研究と分析、被支援国における現行法およびその改革法案の評価に関するコーディネート、ABA国際法部の主催する国際シンポジウム等の行事における法の支配パネルの司会進行、法情報の蓄積サービス、法整備協力プロジェクトの企画・立案等への助言サービス、その他である。とりわけ、ILRCは、UNDPからの専門家派遣のリクエストに迅速に応えるために、法律家をはじめ、法整備協力に関する専門的知識・技術をもった専門家の世界規模のネットワークを構築しようとしている[4]。

　さらに、ABA国際法部は、金融市場とリスク管理の専門的知識をもった法律家からなる「経済発展のための金融工学」（Financial Engineering for Economic Development: FEED）プロジェクトを開設した。それは、資本市場を創設しようとする国に対し、その分野に詳しい専門家を派遣し、あるいは助言を提供することを目的にしている。FEEDはまた、そのための専門家を養成するための実地研修やオンラインでの研修をも提供している。また、資本市場の創設に取り組むアメリカ政府、国連、その他の国際機関の職員に対する助言等の支援も提供している[5]。

　このようにABAの活動は、他の国際機関との連携や、他国の弁護士の参加・協力に積極的な姿勢を示している。

イ　ドイツ連邦弁護士連合会等

　ドイツ連邦弁護士連合会（Bundesrechtsanwaltskammer, German Federal Bar: GFB）は、ドイツ弁護士協会（Deutscher Anwaltverein, German Bar Association）、ドイツ連邦公証人会議所（Bundesnotarkammer, Federal Chamber of German Civil Law Notaries）、ドイツ公証人協会（Deutscher Notarverein, German Notaries' Association）、ドイツ裁判官連合（Deutscher Richterbund, German Judges Association）と共に、ドイツの国際協力機構である国際協力公社（Deutsche Gesellschaft für Internationale

Zusammenarbeit: GIZ)[6]および国際法整備協力財団 (Deutsche Stiftung für Internationale Rechtliche Zusammenarbeit: IRZ)の活動への協力等を通じ、ドイツ法およびドイツの司法制度の普及に協力している[7]。

とりわけ、契約法、会社法、不動産登記・会社登記等の公的登録制度、金融法（担保法を含む）、民事訴訟をはじめとする裁判所制度、執行制度、特許権等の知的財産権保護制度、仲裁制度等を中心に、ドイツ法のグローバル志向、実効性、効率性を強調していることが注目される。そして、これらの分野（私法ないし民事法の分野が多い）を中心に、ドイツ法がいわば国際競争力をもつ法制度の立法を通じた移植を中心に、法整備協力に熱心に取り組んできた[8]。それは東欧諸国、旧ソビエト連邦構成国から、モンゴル、中国に及んでいる[9]。その背景には、ローマ法の継受、自然法論、ドイツ観念論哲学、ドイツの諸領邦および帝国の法典編纂を経て、数世紀にわたって形成されてきたドイツ法学の蓄積成果である緻密な法理論に裏付けられた実体法・手続法双方にわたる実定法の体系、それに対する法解釈論に対する自負が存在することを看過することができない。

(3) その他の組織
ア 国際開発法機構

政府間組織 (intergovernmental organization)としてのアイデンティティーを強調する国際開発法機構 (International Development Law Organization: IDLO。1983年設立)は、ミレニアム開発目標（MDGs）等の開発目標を効果的に達成するためには、法・裁判・法執行を含む制度基盤の構築が不可欠であるとの認識に立脚し、「法の支配」と「良い統治」の推進を目標に、発展途上国や体制移行国の法・司法制度改革の支援、法整備支援に携わる法律家の研修プログラムを開発し、法律家のトレーニングなどを行っている[10]。

イ 世界正義プロジェクト

複数のNGO、政府機関、個人がマルチ・ナショナルな形で参画する、国際NGO等による法整備協力活動も活発化している。例えば、ABAが中心となり、国際法律家協会 (International Bar Association: IBA)、その他の弁護士会、組織と協力して設立された世界正義プロジェクト (World Justice Project: WJP)、ハーグ法国際化機構 (the Hague Institute for the

Internationalization of Law: HiiL)なども、法の支配を普及させるための様々なレベルの会議の開催、法の支配の意義や構築方法に関する研究、「法の支配指標」(the Rule of Law Index)の開発、市民社会の法的能力強化・法律扶助等の司法へのアクセス(Access to Justice)の充実に向けた諸活動を強化している。

このうち、WJPによる「法の支配指標」は、試行的なベータ版を経て、第1版、第2版と改訂を進め、法の支配の普及・促進に向けたプログラムの策定・評価の基準として活用する試みを行ってきた。そこでは、「法の支配」を定義づける「4つの普遍的原理」として、I．政府およびその公務員または代理人が法の下で説明責任を負っていること、II．法が公明で、公開され、安定的かつ公正であり、人格(persons)および財産(property)の安全を含む基本権(fundamental rights)を保護していること、III．法が制定され、運用され、および執行される手続がアクセス可能で、公正でかつ効率的であること、およびIV．司法へのアクセスが、有能で、独立し、倫理に適った資質をもつ、十分な数の、適切な諸資源をもち、その奉仕する共同体の構成を反映した裁判者、弁護士または代理人および裁判所の公務員によって提供されていることが掲げられた。そして、これらの各原理は、それを具体化する指標へとブレーク・ダウンされている[11]。

この「法の支配指標」は、異なる地域、宗教、民族、職業等々、様々な立場からの意見やパイロット・プロジェクトにおける試行錯誤を取り入れ、テスト版、第1版、第2版と改訂が進められ、より普遍性の高い基準への改善が模索されている。その中では、①実体的価値に関わる要素は最小限のもの(人格権と財産権を中核とする基本権の保護)にとどめ、基準の客観性・普遍性の確保とともに、②法の運用・執行プロセスの公正・効率・アクセスを強調するなど、法の支配の実効性の側面をより強調している。また、③途上国において政府の権限濫用が問題になりがちな軍隊・警察・刑務所吏員等、政府の権限行使のコントロールの指標を緻密化していること、④伝統的な共同体や宗教的な紛争解決メカニズムも含め、紛争解決制度の多様化を承認していること、⑤司法へのアクセスを実効的なものにするために、その担い手となる法律家の量と質の改善をより一層強調していることが窺われる。同指標にはなお改善すべき点も見出されるが、その点も含め、他のNGO等が積極的かつ建

設的に参加し、不偏性と中立性を高めてゆくことが、こうした試みを真に有意義なものとしてゆくために有益かつ不可欠であろう。

ウ　その他

　法整備協力に直接・間接に関与するNGO／NPOは増大し、活動内容も多様化している。すでに第二次大戦後のアメリカの対外政策と深く関わる法整備協力活動を支援してきたフォード財団（Ford Foundation。1936年設立。活動3部門の一つである「平和と社会正義」部門に人権、統治、市民社会の分野を含む）、カーネギー国際平和財団（Carnegie Endowment for International Peace。1910年設立。「法の支配」の推進）のほか、1980年代後半以降の（旧）社会主義国の市場化等を背景に活動を活発化させてきたオープン・ソサエティ・インスティテュート（Open Society Institute。1979年設立。ソロス財団。人権保護、自由主義経済の促進、政府の説明責任の向上、市民社会の支援などによる「開かれた社会」の推進）等もある。また、ドイツでは、ハンス・ザイデル財団（Hanns Seidel Stiftung。1967年設立、キリスト教社会同盟〔CSU〕系。市民社会強化等を重視）、コンラート・アデナウアー財団（Konrad Adenauer Stiftung。1955年設立、キリスト教民主同盟〔CDU〕系。人権擁護、議会支援等を重視）も法整備協力を支援している。

　このほか、数多くのNGOが法整備協力に参加している。一例として、アムネスティ・インターナショナル（Amnesty International）、コンサベーション・インターナショナル（Conservation International）、世界自然保護基金（World Wide Fund for Nature: WWF）などがある。また、法整備協力により特化したNGOもある。一例として、グローバル・ライツ（Global Rights）、HiiLなどがある。それらは、国際機関、政府、企業、NGO、弁護士、法学者など、官・民および団体・個人にわたる法整備協力の媒介者として重要な役割を果たしつつあり、またそれが期待されているといえる[12]。

⑷　法整備協力におけるNGOのメリットと課題

ア　メリット

　法整備協力活動におけるNGO／NPOのメリットとしては、つぎの点が挙げられる。

　第1に、「非政府」性のメリットとして、政府による支援が政治的理由から

困難な国家や法分野についても、独立した立場から支援を行いうる。そして、そうした非政治性ないし政治的多様性ゆえに、全体としての中立性やバランスを確保し、対立する組織・個人間の仲介者的役割を果たすこともできる。

第2に、担当者の定期的人事異動を伴う国際機関や政府に比べ、人的関係の継続性を確保しうる。

第3に、そうした人的継続性により、担当者がノウハウの蓄積と専門性を高めることを可能にする。

第4に、専門性を高めた人材の蓄積は、他のNGO等との連携を通じ、国際機関や政府による法整備支援を効果的に補完しうる。UNDPとNGOとの連携による小規模金融等の各種プロジェクトなどの実例が蓄積されている。

第5に、法整備支援計画の策定において、公的な政策決定プロセスに制約されずに、より長期志向のプログラムの策定と柔軟な変更が可能である。

第6に、予算の編成や執行等においても、相手国の事情に応じた柔軟で機動的な意思決定により、迅速性と効率性を比較的確保しやすい。

イ　課題

しかし、こうしたNGO／NPOのメリットは、その問題点と表裏一体でもあることに留意する必要がある。

第1に、非政府性のメリットと裏腹に、NGO等には財政基盤の不安定性が伴いがちで、それが人的継続性・ノウハウ蓄積・長期志向・効率性・CSOs強化等のメリットの発揮を妨げている[13]。

第2に、より根本的な点で、ビジネスとしての法整備協力と非営利活動としての法整備協力のいずれが主流になるべきか、あるいはそれらが両立可能か、どのように結合するのが最も望ましいか、法整備協力の本質に遡った検討が求められている[14]。

3　日弁連の活動の特色と課題

(1)　従来の活動の特色

日弁連は、国際協力機構（JICA）の法整備支援が本格化する前から、カンボジア司法制度に関するセミナー（1994年）などを通じて法整備協力を行ってきた[15]。むしろ、そうした先駆的活動が、JICAをはじめとする日本の法整備支

援活動を活発にし、より広い認知と参加の誘発を促してきたことが、再認識されるべきである。このことも、法整備協力においてNGOが果たすべき、また果たしうる主体的役割を裏付けている。

その後、日弁連では、カンボジア弁護士会への弁護士養成校設立支援をはじめ、単独でまたはJICA等のODAプロジェクトと連携する形で、ベトナム、カンボジア、ラオス、インドネシア、モンゴル、ウズベキスタン、中国、マレーシア、インド、東ティモールなどに対し、数多くの法整備協力を実践している[16]。その中心的役割を担ってきた国際交流委員会には「国際司法支援センター」（2006年。国際司法支援部会から名称変更）を設置するなど、体制整備も徐々に進められている。

そうした活動に見出される特色として、以下の点を挙げることができよう。

第1に、被支援国の歴史と現状を分析し、そのニーズに適合した支援の内容と方法を慎重に検討してきた。その際には、日本法の優位性を強調したり、その移植を進めるというスタンスではなく、むしろ、相手国の真の必要性を共に分析してきた姿勢が、評価されるべきである。

第2に、第1点とも関連して、立法支援への参画にとどまらず、より多くの時間と労力を要する法律家の養成支援に当初から取り組んできた。この点も、JICAの法整備支援の中心コンセプトともなっている人づくり支援、能力養成支援を可能にした、先駆的取組みであったと評価できよう。

第3に、日弁連のプロジェクトはつねに他の組織との連携・協力に対して開かれた、オープン・マインデッドな志向をもって進められてきた。それは、JICA、法務省法務総合研究所国際協力部（ICD）のほか、フランス政府、ABA、カナダ弁護士会、オーストラリア弁護士会、ILRCなど、国際機関、他国の政府、弁護士会[17]、NGO等との連携プロジェクトを積極的に拡大してきたことに示されている。法整備協力の失敗の多くが、近視眼的な狭い国益の追求や、プロジェクトの成果を独り占めにしようとするような了見の狭い競争によってもたらされてきたことに鑑みると、こうしたオープン志向の姿勢をもって、さらに他の組織に働きかけることが、今最も重要である。

第4に、日弁連がJICA等と協力する形で、法整備支援の被支援国への長期専門家の供給母体となっていることも看過できない。とりわけ、こうした活動に参画する若手が継続的に発掘されていることは、きわめて有意義である。

第5に、近時の動きの中で注目されるのは、「日本弁護士連合会による国際司法支援活動の基本方針」および「国際司法支援活動基本方針の解釈指針」（2009年3月18日理事会決議。本書巻末に資料として収録）が、議論の末に策定されたことである。これは、より長期的に持続可能で、首尾一貫した法整備協力を着実に推進してゆくうえで、きわめて重要なものといえる。それは、日弁連が、その独自の理念と存在意義を保ちながら、他の組織との連携を拡大・深化させるとともに、その理念を普及させてゆくために不可欠のものといえる。それは、例えば、日本の法整備支援の基本方針として、第21回海外経済協力会議（2009年4月22日）で承認された「法制度整備に関する基本方針」（法制度整備に関する局長級会議。2009年4月）に対し、日弁連としての立場を明らかにするためにも、きわめてタイムリーなものであったといえる。さらに、日弁連が今後、国際機関をはじめとする組織との連携を深め、多様化してゆくためにも、これを英語をはじめとする外国語に翻訳し、広くその理念への理解を求めることが望まれる。

(2)　今後の課題

　こうした実績を踏まえつつ、今後の課題として、以下の点を確認することができよう。

　第1に、日弁連は、今後、その独自性を維持しつつ、政府、国際機関、他のNGOとの多元的連携を深め、その理念を浸透させてゆくことに粘り強く取り組むことが強く期待されている。そのために、その連携の範囲を拡大・深化させるべく、まずは韓国、中国、台湾を含め、多様な発展段階にあるアジア各国の弁護士会との共同プロジェクトを模索し、推進してゆくことが有意義であろう。

　第2に、弁護士による法整備協力活動を促進するための環境整備、そのための制度改革が重要である。とりわけ、日弁連による国際司法支援活動は、それを担う個々の弁護士の善意と真摯な意欲に支えられており、このことを制度的にも確保してゆく必要がある。しかし、そのことは、ただちにそのための安定したキャリア・パスを確保することを意味するものとはいえないように思われる。むしろ、まずは、これまで法整備協力活動に参加してきた弁護士たちが、日々の業務と国際司法支援活動をどのように両立させてきたか、その

具体的な有様の実例について、情報を蓄積し、オープンにして、かつ容易にアクセス可能なものとすることが有用であろう。それにより、こうした活動に興味をもつ弁護士やその卵たちが、国際司法支援活動についてのイメージと将来計画を豊富に、かつ現実的なものにすることが可能となろう。そして、弁護士としてのビジネスと法整備協力活動とがどのような関係に立つべきか、自ら考える機会を創出することが、重要であると思われる。

しかしまた、そのことと並んで、そうした意欲ある弁護士の活動およびそれを支える事務所等の協力体制を円滑にするための環境整備への努力も、模索する必要があろう[18]。

第3に、法整備協力の実践が、つねにその方法論の検証を行う開発法学の理論と不可分一体であることに鑑み、国際司法支援活動で得られた知見や直面した問題点を、さらに広い文脈で検討し、方法論的な改善を可能にするために、大学等の研究機関との人的交流を含めた連携を進め、両者間のフィードバックを密にする余地があろう。

4　おわりに──市民社会のコンダクターからグローバル・ガバナンスの一翼へ

現在、国際的な法整備協力の共通スローガンの1つとして、国連等の活動を中心に定着しつつある「法の支配」は、実はNGOの活動によって推進されてきた側面ももつことに──その様々な背景や意図とともに──留意する必要がある。とりわけ、前述したようにABAを中心母体とするWJPの設立（2005年）、IBA理事会の「法の支配決議」（2005年9月26日）、ABA・IBA共催による「法の支配シンポジウム：行動計画」（2006年9月シカゴ）、WJPによる法の支配に関する学際的会合（2007年2月28日ワシントンDC、2007年7月13日プラハ、2007年9月19〜20日シンガポール、2008年7月3〜5日ウィーン）、IBAの「法の支配シンポジウム」（2007年10月19日シンガポール）、HiiLの「首尾一貫した実効的な法の支配のプログラムと戦略の構築に関するさらなる概念化と実践的進歩」（2007年10月26〜27日ハーグ）などが立て続けに開催された。

そして、こうしたNGOの一連の活動は、国連をはじめとする国際機関の動向に強い影響を与えてきたことが看過できない。すなわち、第60回国連総会首脳会合（世界サミット）の成果文書（2005年9月16日）で確認された「国内・

国際両レベルにおける法の支配の普遍的な堅持およびその実施の必要性」(134節)、それを具体化するための、第61回国連総会決議「国家的および国際的レベルにおける法の支配」(2006年12月4日。A/RES/61/39)、その実現のために国連事務総局(同副事務総長の下)に設けられた法の支配支援ユニットなどの動きは、先のNGOの活動と無関係でないことに留意する必要がある。

　こうした一連の動きは、一体何を意味するものであろうか。ここで看過できないのは、良きにつけ悪しきにつけ不可避的に進行するグローバル化(globalization)に対処すべく、法整備協力の推進による国際・国内両レベルにおける法の支配の漸次的な実現が、いわゆるグローバル・ガバナンス(地球的統治。global governance)の手段として今や不可欠のものであるという真摯な共通認識が、浸透しつつあることである。とりわけ、軍事力による国際的紛争解決の限界や核の使用の懸念すら深まる中で、それはけっして抽象的な幻想や綺麗ごとのスローガンではなく、代替手段が狭まるにつれ、直視せざるをえない現実であるといってよいであろう。

　今日においてグローバル化とは、様々な組織や個人の活動が国境を越えて空間的に拡大するだけでなく、国家、企業、NGOなどの共同体間の相互作用が一層緊密化かつ複合化することにより、国際社会自体が全体として1つのシステム(いわば仮想的共同体)の方向へ向かって変質しつつあるプロセスとして特徴づけることができる[19]。実際、われわれが日々実感しているように、今やわれわれの日常生活を取り巻く社会は、家族・親族、企業・その他の職場、宗教団体・NGOなどの自発的共同体、自治体、主権国家、地域の共同体や連合、地球規模の人権・環境保護団体、インターネットを通じたバーチャルな共同空間……等々、多様なレベルの人間関係が重層的に結合し、中には複数レベルが融合して成り立っている。われわれは1人ひとりがそうしたマルチ・レベルの組織に同時に複数所属して生活することが常態化しつつある。時にはそれら複数の組織の要求や規範がくい違うこともある。その結果、われわれの生存や生活は、それらの多次元的な組織の複雑な関係が、どうにかこうにか維持されることなしには、成り立ちえなくなっているのである。そのために現時点で実現可能な統治システムがグローバル・ガバナンスにほかならない。それは、国際関係における様々な行為主体(個人、企業、NGO、国家、国際機関など)がそれぞれの目的をもって活発に活動することを保障する一方

で、それらの違法または非倫理的な行動を抑制するために、主権国家群を中心とする行為主体が、世界政府をもつことなしにコントロール可能な統治システムである。それは、想像上の世界政府のように完成された安定的・統一的システムではなく、国際社会における多元的な行為主体の間に辛うじて成立しうる、実効的秩序を求める動的営みである。それはまた、国内統治と国際統治との間に一定の連続性を認めるものである[20]。

　このような現実状況では、国際関係における法整備協力のネットワークを広げ、各国家における法の支配の浸透を通じて、統治を維持・構築することが、先に定義したグローバル・ガバナンスに不可欠の手段であることは、最早疑いの余地がないであろう。そして、そうした中で、日弁連には、国際的および国内的に2つの重要な役割が期待されているように思われる。第1に、日弁連の従来の国際司法支援活動の実績を踏まえ、それは市民社会のコンダクターとしての役割を果たしつつ、今やグローバル・ガバナンスの一翼を担う主体として、なくてはならない存在になっているということができよう。そこでは、日弁連は、実績と信頼あるNGOとして、国際機関、政府、企業、CSOs等の連携のための、時には核となり、時には媒介者となることが期待されている。まずはこのことが、十分に自覚されるべきである。第2に、それと同時に、日弁連には、今なお未成熟な日本の市民社会が、その成熟度を高めてゆくためにも、大きな役割が期待されている。それは、2001年来本格化し、今なお続いている司法制度改革や、近時の民法改正をはじめとする一連の法改革への日弁連の関与、それに対する社会的期待にも表れている。そして、とりわけ重要なことは、こうした国内の法改革への関与と国際司法支援活動とがけっして無関係ではないということである。今後、日弁連は、日本の国内法改革において蓄積された知見を国際司法支援活動に活かすことができるとともに、国際司法支援活動で得られた国際社会の動向に関する知見を国内法改革にフィードバックすることも求められよう。もっとも、このルートを開拓するためにも、今後、日弁連は、大学、その他の研究機関との相互関係を深めることが期待されよう。それにより、国際司法支援活動の現場でも、国内法改革でも、一層効率的で、実効的な制度改革の方法論を洗練させてゆくことが可能となるであろう。

1 例えば、法と開発 (Law and Development) の理論研究と実践活動は、フォード財団の支援を受けた「ハーバード国際租税プログラム」(1952年) 等を嚆矢に、アメリカのロー・スクールを中心に始まった。その後、法律家や法学者による法整備協力、法と開発の理論研究には、同財団のほか、カーネギー国際平和財団、ソロス財団などが支援した。松尾弘『良い統治と法の支配──開発法学の挑戦』(日本評論社、2009年) 114頁、126頁参照。
2 とりわけ、本書第1部第1章、第2部参照。
3 Michael E. Burke, "Comments for Program 'Legal Technical Assistance to Developing Countries in Asia'," Paper presented at the International Symposium on Legal Technical Assistance to Developing Countries in Asia: Institutional Difference and Competition between Common Law and Civil Law and the Strategies of Japanese Assistance, organized JFBA, supported by GBF and ABA, held on 22 June 2009, pp.8-10.
4 2009年6月時点で、約1650名がILRCのネットワークに登録が認められている。そのうち、約50.5％がアメリカ以外の弁護士であり、約35.6％が女性である。Burke, op. cit. (n. 3), pp.10-13.
5 FEEDのメンバーとしても、アメリカの弁護士のみならず、イギリス、香港の弁護士も参加している。Burke, op. cit. (n. 3), p.13.
6 ドイツの技術協力に関する3つの機関──技術協力公社 (GTZ)、ボランティア等人材派遣機関 (DED)、人材開発・研修実施機関 (InWEnt)──は、2011年1月1日にドイツ国際協力公社 (GIZ) に統合された。
7 もっとも、ドイツの法整備協力を推進する担い手として、とりわけ被支援国で比較的長期にわたる活動に従事するのは、退職した裁判官が中心になっている。Herbert Küpper, "Structures of Japanese and German international co-operation with formerly socialist countries compared," Paper presented for a Visitorship at Center for Asian Legal Exchange, Nagoya University, November 2010.
8 Bundesrechtsanwaltskammer et al., Law – Made in Germany, <www.lawmadeingermany.de> (accessed in June 2009).
9 Rolf Knieper, Rechtsreformen entlang der Seidenstraße, BWB, Berliner Wissenschafts-Verlag, 2006. また、今やベトナムでもプロジェクトの立ち上げが検討されている。
10 IDLOは、ローマに本部、カイロとシドニーに地域事務所、カブールにプログラム事務所を置く、政府間組織 (intergovernmental organization) である <www.idlo.int>。IDLO, 2009 Annual Report: Making a Difference Through Law, IDLO, 2009; IDLO, Legal and Judicial Development Assistance: Global Report 2010, IDLO, 2010.
11 テスト版(最終のベータ2.3版)から第1版、第2版への改訂に伴う主要な変更点については、松尾・前掲注1書277〜281頁参照。
12 松尾・前掲注1書111〜116頁、232〜233頁、277〜278頁参照。
13 それを克服するためにも、国際機関・政府・企業とNGOとの効果的連携のあり方を模索する余地がある。
14 この点に関する様々な見方につき、「研究者・実務家それぞれの立場から見た国際司法支援

──パネルディスカッション」自由と正義62巻10号（2011年）56～57頁（松尾弘、佐藤安信、布井千博発言）参照。
15 本書第1部第1章参照。
16 本書第1部第1章、第2部参照。
17 また、いわゆる先進国のみならず、途上国の弁護士会との連携が図られてきた点も重要である。矢吹公敏＝鈴木多恵子「アジアにおける司法アクセスの現状と日弁連の役割」自由と正義60巻3号（2009年）102～111頁参照。
18 例えば、所属弁護士を公益活動に参加させることのメリットが派遣元事務所にも認められるような制度改革を提言する余地が考えられる。
19 松尾弘『開発法学の基礎理論──良い統治のための法律学』（勁草書房、2012年）263～274頁。
20 松尾・前掲注19書274～280頁。

第3章
開発途上国の「法整備」に対する開発の視点からのアプローチ
独立行政法人国際協力機構の法整備支援

佐藤直史

1 法律家と開発の視点——本章のねらい

(1) 日本の法律家の強み

「日本の法律家[1]の強みは何か?」と聞かれたとき、読者のみなさんはどのように答えるだろうか。

日本法に関する体系的な知見、精緻な法解釈能力、均一的で高いレベルの実務能力……。確かに、そのどれもが強みと言えようが、これまで数多くの国の法律家——先進国、開発途上国を問わず——と一緒に仕事をしてきた実感として、法整備支援[2]に関して言えば、「各開発途上国におけるそれぞれの『法』を相対的に理解でき、各開発途上国におけるそれぞれの『法』の発展を個別具体的に考えることのできる『資質』を『ごく自然に』有していること」こそが、日本の法律家の強みではないかと考えている。

そんなことは当たり前ではないか、——そのように考える向きもあろう。しかし、この一見当たり前のように思えることが、法整備支援の現場では必ずしも当たり前ではない。これまで行われてきた法整備支援に多く見られた傾向として、支援をする側の機関の法律家は、自分たちの「優れた」法、「優れた」理論、「優れた」実務を採用することを開発途上国に求めてきたのであり、「開発途上国それぞれの法」を、それぞれのコンテクストで、それぞれのペースで、それぞれのやり方で発展させることにこそ意味がある、という姿勢でサポートする例は、非常に少なかったのである[3]。

法整備支援において、「相手国それぞれの法」への理解が不可欠であること、相手国それぞれの考え方・方法を尊重すべきことといった点については、実際に途上国において法整備支援活動に従事した法律家が本書第2部で実

例に即して述べているとおりであり、現在では法整備支援に関わる者（国内外を問わない）の間でコンセンサスが醸成されつつある[4]と言えよう。そして、日本の法律家は、日本自身のユニークな「法整備」の経験およびその経験を踏まえたユニークな法学教育を背景として、一人ひとりが殊更に意識しなくても、ごく自然に、上記の点についての配慮が行えるのである[5]。

　すなわち、日本の法律家は、外国法を日本の文化・風土と調和させながら「日本独自の法」を発展させてきた明治期以降の「法整備」の過程を知覚しており、外国法（の考え方）を他国に根付かせるためにはカスタマイズのプロセスが必要であることを認識している[6]。また、近代的な法が整備されていないコミュニティにもコミュニティの（非形式的な）ルール・制度があり、そうしたルール・制度が他国の視点からは特殊なものに見えるとしても、それを無視、排除または破棄して新しいルール・制度を他国から導入することが必ずしも適切なのではなく、それを踏まえたルール・制度を、その国のコンテクストで構築することも検討しなければならないことを認識している。さらに、日本の法律家は、日本法を学ぶ過程で、日本法がそのベースとしてきた外国法について一定の知見を有しており、比較法学を専門的に学修した者でなくても、比較法的な視点から日本法を俯瞰で捉えることができ、日本法だけが開発途上国のモデルになるものではないという認識を有している。

　こうした認識を、知識や経験のまだ浅い段階からごく自然に身に着けていること、それは法整備支援に関する日本の法律家の強みと言えよう。

(2) 本章のねらい──開発の視点を持った法律家として法整備支援に取り組むために

　では、こうした強みを持った日本の法律家は、どのような姿勢で、どのような意識で法整備支援活動に携わればよいのだろうか。それを考えることが本章のテーマである。筆者は、現在、独立行政法人国際協力機構（JICA）の国際協力専門員[7]として活動しているため、本章ではJICAの法整備支援（その実施には数多くの日本の法律家が関わっている）を取り上げるが、それを検討する中で、法整備支援を通じて取り組むべき開発課題[8]との関係を見据えつつ、上記のテーマを考えていきたい。それは、開発と言う視点から「法整備支援」のゴールを考えることにもつながるであろう。

言い換えるならば、法整備支援を行うに当たって、法律さえ整えば、司法制度さえ整えば、それでみんなが幸せになれるのか、という問いかけに対する答えを探すことが本章のテーマであるとも言えよう。開発の視点からは、開発途上国の開発課題の解決に向けて法整備支援がどのような意味を有するのか（最終的な裨益者である開発途上国の国民にとってどのような意味があるか）を常に意識しなければならないのであるが、この点、透明性のある法や機能する司法制度が存在することが当然の前提となっている社会の法律家にとっては、透明性のある法および機能する司法制度が存在しないことはあってはならないことであり、これらを整備すること自体が法整備支援の目的であると考えがちである。しかし、開発のコンテクストにおいては、透明性のある法および機能する司法制度を整備すること自体が目的なのではなく、繰り返しになるが、それらが整備されることによって開発途上国が直面する開発課題の解決が図られることこそが法整備支援の目的なのである。法整備支援に携わる法律家は、法律・司法制度が整っていないこと自体の問題に加え、そうした国において法律・司法制度が整っていないが故に生じている様々な問題にも向き合うことが必要である。その上で、その問題の解決を、開発途上国の状況を踏まえてどのように図っていくかを当該途上国の人々と共に考える必要があるのである。

(3)　**本章の構成**

　本章では、上記を検討するために、法整備支援と開発課題との関係を明らかにし、その上で、これまでの法整備支援の経験から得られた教訓を基礎として策定されたJICAの法整備支援に関する基本方針を紹介し、その方針に基づきJICAがどのように法整備支援案件の企画・立案、実施、モニタリング、評価を行っているかについて述べた上、開発途上国の「法整備」の自立的発展に向け、「支援」に携わる（携わろうとする）日本の法律家に求められる役割と自覚を検討したい。

2　JICAの法整備支援の基本方針

(1)　ODAに関する政策と法整備支援の位置づけ

　JICAは、1990年代半ばから法整備支援を本格的に開始し、対象国（地域）や協力分野は年々拡大している[9]。

　JICAは、政府開発援助（ODA）の実施機関[10]であり、ODA全体の方針は日本国政府のODA大綱（2003年）が定めている。同大綱は法整備支援を良い統治（グッド・ガバナンス）[11]を実現する手段の一つと位置づけ、この分野における開発途上国の自助努力を支援することは「ODAの最も重要な考え方」[12]であるとしている[13]。

　また、法整備支援に関する政策として、2008年1月の第13回海外経済協力会議において、「法制度整備支援」[14]を「海外経済協力の重点分野の一つとして、戦略的に進め」ることが決定[15]され、これに基づき2009年4月に「法制度整備支援に関する基本方針」が策定[16]された。同方針においては、ODA大綱・ODA中期政策等に基づき、①開発途上国における法の支配の定着、②持続的成長のための環境整備およびグローバルなルール遵守の確保、および③我が国の経験・制度の共有、我が国との経済連携強化の観点から、民事・刑事法制などの基本法分野および経済法分野の開発途上国の取組みを積極的に支援することが定められている。また、ベトナム、カンボジア、ラオス、ウズベキスタン、インドネシア、中国およびモンゴルの7カ国が法整備支援の重点国に位置づけられるとともに、これら以外のアジア・アフリカ諸国においても支援の需要を汲み取ることとされている。さらに、同方針では、支援の充実を図るための人材の育成・確保のための基盤整備や、官民連携強化を通じたオールジャパンによる支援体制強化を図ることが定められている[17]。

　さらに、直近では、2011年12月24日に閣議決定された「日本再生の基本戦略」[18]において、「開発途上国における法の支配の確立と社会経済の基盤整備を図り、成長を確実なものとするために、法制度整備支援を推進する」と謳われている。

(2)　JICAの法整備支援に対する基本方針

　このようなODA大綱における位置づけおよび近年の法整備支援の重要性

の認識の高まりを受け、JICAは、JICAが実施してきた法整備支援事業を通じて蓄積されたノウハウ・教訓を分析・検討し、JICAの法整備支援の実績や特色を取りまとめるとともに、基本方針を策定した[19,20]。以下では、その内容の一部を敷衍しつつ、開発の視点から法整備支援をどう捉えるべきかについて考える。

ア 法整備支援が目指すもの——「法の支配」とグッド・ガバナンス

法整備支援は、グッド・ガバナンスを実現する手段の一つ（ODA大綱）であり、法整備支援がその実現を目指す「法の支配」は、グッド・ガバナンスの不可欠の要素である。

開発途上国における安定的な社会の実現と持続的な発展のためには、開発途上国が、自らの力で、自国の資源を効率的に、かつ国民の意思を反映できる形で、投入・配分・管理できることが重要であり、開発途上国の政府[21]の取組みだけでなく、国民・民間部門も含めた社会全体が運営される仕組み、いわゆるガバナンス[22]が改善され、改善された望ましい状態（グッド・ガバナンス）が維持されることが鍵となる。そして、グッド・ガバナンスの構築のためには、「法の支配」[23]の確立、すなわち、①ルールがその内容と成立過程において妥当であり、②公正・中立な機関が適正にルールを運用・適用するシステムが構築され、③こうしたルール・システムへのアクセスが市民に保障されることが不可欠の要素となる。なぜなら、ルール・システムの策定・執行を通じて、資源を効率的に、国民の意思を反映する形で、投入・配分・管理するためには、政府と市民社会、民間部門が良好な均衡を保ち、協働することが必要であるところ、ルール・システム（の策定・執行）に正統性を与え、かつ、政府の権力の濫用・逸脱を防ぎ、恣意的なルール・システム（の策定・執行）から国民・民間部門が守られる「仕組み」、すなわち上記の内容を含む「法の支配」が構築されなければ、この均衡と協働を実現することができないからである[24]。

イ 「法の支配」の欠如と途上国の開発課題との関係

上記アで述べた理論を、開発の現場で生じている問題から捉えなおしてみよう。「法の支配」そしてグッド・ガバナンスの実現に向けた取組みが十分に行われていない国または取組みの成果が十分に現れていない国ではどのような問題が生じているのだろうか[25]。

㈦　人権が保障された安定的な社会が構築されない

　「法の支配」に向けた取組みが十分に行われていない国または取組みの成果が十分に現れていない国では、法律に基づく手続による適正な民事紛争の解決や、適正な刑事処罰が行われていない。このような国では、民事・刑事の紛争が生じた場合、権力を有している者、暴力に訴えることができる者、お金を持っている者、要するに「力」のある者が、常に有利な結果を得ることになる。こうした国では、社会的弱者の権利は不当に侵害され、力のない者は泣き寝入りするしかなくなる。

　こうした問題は、強者が弱者の権利を不当に侵害する典型的なケースのみならず、対立当事者間の双方に相応の理由があり、いずれか一方が他方の権利を侵害していると一概に決められないケースに際しても同様に生じる。例えば、開発途上国では、避難民が放棄した土地に新たに住み着いた住民と帰還民との間の土地利用をめぐる紛争や、所有権に関する記録が滅失してしまった土地の帰属に関する紛争などが頻繁に生じるが、こういった問題についても、公平・中立な手続により当事者の納得を得て解決されるシステムがなければ、結局は社会的弱者が不利益を被るのである。

　そして、この問題は、個人の人権の問題に加えて、安定した社会を構築することへの大きな障害となる。公平・中立な手続によらずに権利を侵害された人々の間には当然不満が蓄積し、社会の不安定要因を構成する。さらに、法による解決を期待できないとすると、被害者は私的救済に訴えることを検討することになり、仕返しや報復が繰り返されることになる（なお、真の弱者はこうした私的救済すらなし得ないことにも注意を要する）。このような仕返しや報復の連鎖は、最初は小さなものであっても、これが対立グループ間の新たな紛争の火種になる可能性もある。

　特に、紛争影響国においては、司法システムの再構築は、治安維持および紛争に戻らない国づくりのために、非常に重要な課題である。こうした国では、紛争が終結したとは言え、紛争中に行われた人権侵害による被害の回復は途上にあり、対立グループ間の反目も継続していることが多い。このような状況において、住民間の利害対立や紛争が適正な司法手続によらずに暴力や金の力によって解決されることは、新たな紛争の要因となり、平和構築の実現に向けた取組みの大きな障害となる。

このように、法律・司法制度により紛争が解決されない国では、尊厳ある生命を全うする前提となる平和で安全な社会を構築することができないのである。

(イ) 格差が是正されず、公正で持続的な成長が図れない

「法の支配」に向けた取組みが十分に行われていない国または取組みの成果が十分に現れていない国では、ルールが不透明（恣意的な解釈の余地を多分に残す）であったり、恣意的な運用・適用に対して国民および民間部門からの監視やコントロールが効かなかったり（国民に対する説明責任が果たされない）することが多く、ルールを運用・適用する組織（個人）がルールを恣意的に運用・適用するという問題が生じる。こうした社会では、格差是正や持続的成長などの開発課題に向けた政策を実行しようとしても、ルールが政策実現に向けた機能を果たさないため、開発課題の解決を図ることができない。また、こうした恣意的なルールの運用・適用は汚職（これは資源の効率的な投入・配分・管理を妨げる）の温床ともなる。このような状況は、力（金）のある者が不当な利益を得る一方で、社会的弱者の不利益を増大させる、すなわち格差の拡大につながり、公正な経済発展は図れない。また、ルール自体およびその運用・適用の不透明性は、予測可能性を低下させ、経済の活性化による持続的発展を阻害する。すなわち、こうした社会では、取引のコスト（トラブルに備えるための費用、トラブル解決のための費用、法を超えた解決のために支払う費用など）が増大し、経済活動を委縮させるほか、信用取引を行うことができないため、手元に現金がなければ取引を行うことができない。そして、紛争の解決の不透明性は、ビジネスに伴うリスクの計算を不可能にし、投資判断やビジネス活動の実施を躊躇させる原因となる。

このように、透明性・予測可能性が確保されない社会では、経済主体[26]が安心して経済活動を行うことは不可能となり、持続的な成長も見込めないのである。

上記に見られるように、「法の支配」そしてグッド・ガバナンスへの取組みが十分でないまたは取組みの成果が十分に現れていない開発途上国では、人々の安定した暮らしを実現するための課題解決が非常に困難となる。さらに、こうした国では、国民（社会的弱者）および民間部門が、ルール・システム

に対する信頼を失い、ルール・システムを軽視するという状況（法ニヒリズム）が生じたり、政府に対する信頼を失い、グッド・ガバナンスの構築・実現に向けた取組みに参加しようとする意欲が減退したりする。その結果、既得権益を有する者はますます不当に利益を得、社会的弱者はますます不利益を被る、という負のスパイラルが連鎖していくのである。

ウ　開発課題の解決と「法の支配」実現への取組み

　この負のスパイラルの連鎖を断ち切り、正のスパイラルへの変化をもたらしうる手段が「法の支配」そしてグッド・ガバナンスの構築・実現（を目指した努力）である。「法の支配」は、適正なルールと適正な手続により利害対立を予防する（解決する）ことを通じて、強い者勝ち・ずる賢い者勝ちを排除することをその本質的な内容としており、「力の支配」を許さないシステムである。そして、この「法の支配」を内容とするグッド・ガバナンスは、効率よく、民意が反映された形で、資源を投入・配分・管理する仕組みである。これらを構築・実現するための取組みを真摯に行うことにより、開発途上国は、開発課題の解決を目的として、民意に基づいて、効率的に資源を投入し、適切に配分し、適正に管理することができるようになっていくのである。

　ところで、上記を考える際に注意しなければならないのは、「法の支配」そしてグッド・ガバナンスの構築・実現への取組みを行うことは、様々な開発課題の解決の手段となりうるが、これは必要条件ではあっても十分条件ではないため、開発途上国はこの取組み以外の取組みも行わなければならない。加えて、「法の支配」そしてグッド・ガバナンスの構築・実現への取組みには長い時間がかかるため、この取組みと開発課題の解決との関係を、段階的な手段と結果の関係と捉えることは適切ではない。開発途上国は、それぞれが国内に大きな問題（開発課題やその原因となっている問題）を抱えているが、それらを一挙に解決することはおよそ不可能であり、同時進行的に各分野の改善を進めなければならない。開発途上国は、「法の支配」やグッド・ガバナンスの構築・実現への取組みの結果を待ってから他の開発課題やその原因となっている問題の解決に取り組むのではなく、「法の支配」やグッド・ガバナンスの構築・実現に向けた取組み（法整備）をステップバイステップで行いながら、様々な開発課題への対処も同時にステップバイステップで行っていくしかないのである[27]。

そうだとすると、「法整備」およびその「支援」は、同時並行的に行われる各種開発課題の解決に向けた開発途上国の諸努力とシンクロしたステップバイステップのプロセスとして捉えなければならない。法整備支援に携わる者は、法律や司法制度が整えばよいと考えるのではなく、常にこうした視点を有していなければならないのである。

(3) JICAの法整備支援のアプローチ

上記の視点を有しつつ、「その先」にある開発課題の解決を見据えた法整備支援はどのような方針で実施すればよいのか。これを考えるために、JICAの法整備支援のアプローチを検討しよう[28]。

ア 3つの柱と人材育成

JICAは、開発途上国が直面する開発課題への対処のために「法整備」を進める開発途上国自身のオーナーシップを尊重しながら、開発途上国の人々との対話と共同作業を重視して、開発途上国の諸努力を「支援」している。

その支援の対象は、便宜上、以下のように分類できる。

(ア) ルールの整備

具体的な法案の起草、起草された草案の立法化の促進など。

(イ) 法運用組織の機能強化

法を運用する機関や法を適用して紛争を解決する機関の機能の改善など。

(ウ) リーガル・エンパワーメント

人々に対する法情報の普及、人々の司法制度へのアクセスの改善、法律扶助制度の構築など。

そして、(ア)から(ウ)の支援の基盤となる要素として、次の支援がある。

(エ) キャパシティ・ディベロップメント

(ア)から(ウ)に従事する法曹や法務・司法関係機関職員の能力の向上など。

ある国における「法の支配」の構築・実現への取組みには、(ア)から(ウ)のいずれもが不可欠である。ルールは、そのルールを運用・適用する機関において適切に運用・適用され、当該ルールに基づいて紛争が解決されなければ、死文化するのであり、また、ルールの内容が市民に理解され、紛争解決の基準とならなければ、ルールに基づいて市民の権利が実現されることにはなら

ない。㋐から㋒の要素は相互に補完的な関係にあるため、開発途上国が行う㋐から㋒の法整備に対しては、包括的・横断的な視点をもって支援を検討する必要があり[29]、これらの要素が相互に補完しあって「法の支配」の構築・実現につながるよう、支援に取り組まなければならない。

さらに、開発途上国の自立発展的な法整備を支援するという観点からは、上記㋐から㋒に携わる人材の育成（上記㋓）が極めて重要である。法律や司法制度は、社会状況の変化などに応じて不断の見直しが求められるものであり、「法整備」は終わりのない国家の取組みである。そのため、将来にわたり、開発途上国自身が法令や司法制度などの改善を適切に行うことができるようになることが重要であり、それに向けた組織および人材の能力向上（キャパシティ・ディベロップメント）[30]は、法整備支援において取り組むべき中核的な内容となる[31]。開発途上国が行う㋐から㋒の「法整備」を支援する場合には、開発途上国の人材が、ルールの整備や法運用組織の機能強化、リーガル・エンパワーメントの方法などを正しく理解し、将来にわたり、必要に応じて法令や司法制度などを改善する能力を身につけることを目指して支援を実施しなければならない[32]。

なお、こうした人材育成において、法整備と他の分野の開発課題への取組みとのリンケージの視点も極めて重要である。法律・司法制度の改善を様々な開発課題の解決につなげていくためには、上記㋐から㋒の成果を他の開発課題への取組みに活用し、当該国の国民に裨益させていく役割を果たす人材を育成することが不可欠である。法整備支援においては、こうした能力の向上も含めて人材育成に取り組まなければならない。

イ　JICAのアプローチと日本の法整備支援の優位性

このように、JICAが、キャパシティ・ディベロップメントを重視し、オーナーシップを尊重しながら、開発課題の解決に向けた開発途上国の「法整備」に対する支援を行っているのは、日本自身の「法整備」の経験があるからである[33]。

すなわち、日本は、明治維新以降、国家の近代化を目指して包括的で大規模な法制度改革を行い、法律および司法制度を国際標準に近づけるプロセスを経験してきた。この過程において、日本は、外国（明治期にはフランス・ドイツ等、第二次世界大戦後は主に米国）の法律および司法制度を選択的に取り入れ、

国の発展段階や社会・風土に合わせてカスタマイズしてきた。この中で、日本の法律家は、外国法をそのまま借用するのでは法律や司法制度が社会に根付かないことを学び、諸外国の制度を研究しつつ、自国の風土や文化、既存の制度と調和する形で「法整備」を行うキャパシティを向上させてきた。このようなキャパシティの向上を通じて、日本は、透明性のあるルールを整備し、ルールを運用する組織の機能強化や人材育成、さらに市民への普及や司法アクセス改善を進め、社会・経済の安定と発展につなげたのである。

この日本の経験は、それぞれの国の実情に合った「法整備」が必要な開発途上国のニーズと合致する。すなわち、開発途上国は、旧宗主国の影響を受けた法制度を有していることが多く、その土台の上に、市場経済化やグローバリゼーション、国際標準化などへの対応が求められている。こうした国においては、それぞれの社会の現状と課題を踏まえた「法整備」のためには何が必要か、外国法を参考にしながら自立的に「法整備」を進めるためにどのようなプロセスが必要か、そのためのキャパシティ・ディベロップメントをどのように行うか、といった点について、日本の経験、特に日本がどのような試行錯誤をしたのかといった経験が大いに参考になるのである[34]。

JICAは、こうした日本の経験および開発途上国のニーズを踏まえて、日本法の押し付けではなく、選択肢を提供することによって支援対象国のオーナーシップを尊重するという方法で法整備支援を実施している。日本が上記の背景を有して法整備支援を実施していることは、他の支援国・機関にはない独自性を有する点であり、また、冒頭に述べたように、法整備支援に関する日本（の法律家）の強みとなる点であるとも言えよう。

ウ　JICA法整備支援事業を支える実施体制

上に述べた日本の優位性を活かしながら支援を実施するための体制として、JICAの法整備支援においては、法律専門家を長期にわたり現地に派遣するとともに、日本国内に学識経験者・法律実務家からなるアドバイザリーグループ（従前は「国内支援委員会」と呼称していたが、他のスキームにおける用語との混同を避けるため、近年では「アドバイザリーグループ」という用語を用いている）を設置することにより、現地の実情を踏まえつつ日本の経験・知見を共有できる体制で支援を行っている。

長期専門家（その活躍については第2部で述べられているとおり）は、日本にお

いて実務経験を積んだ法律家（弁護士、検事、学識経験者等）であり、それぞれの経験を踏まえ、かつ支援対象国の文化、風土に配慮しながら、支援対象国に対し助言を提供している。長期専門家が現地に常駐し、日常的に支援対象国の法律専門家等と接することにより、支援対象国のニーズや実情を的確に把握することが可能になっており、長期専門家は、支援対象国の関係者と日本の関係者を橋渡しする重要な役割を担っている。

そして、JICAでは、長期専門家を日本でバックアップし、支援対象国に対してより適切な助言を行うために、日本国内にアドバイザリーグループを設置している。アドバイザリーグループ委員は、日本法の知見に加え、比較法学の知識を有する一流の学識経験者や、日本の法律実務に長年従事したベテランの実務家（弁護士・判事・検事等）であり、支援対象国に対し、比較法的観点や日本の経験に関する体系的かつ奥深い知見の提供を行っている。また、同じ委員が長期間にわたり支援を継続する例も多く、当該支援対象国に対する支援に関する経験・知見の蓄積という点でも、また、支援対象国との信頼醸成の点でも、支援の成果の達成に極めて大きな貢献をしている。

このような長期専門家の派遣とアドバイザリーグループによるバックアップは、支援対象国から高い評価を得ている[35]ほか、国際社会でも注目を浴びている[36]。

3　JICA法整備支援案件の企画・立案、実施、モニタリング、評価、教訓の蓄積と反映

JICAは、上記2で述べた基本方針に基づき、法整備支援に関する案件の企画・立案、実施、モニタリング、評価、教訓の蓄積と反映などを行っているが、上記方針は実際にどのように活用され、実際の法整備支援の案件ではどのような点が配慮されているのだろうか。JICAの技術協力プロジェクトの長期専門家や個別派遣専門家としての弁護士の具体的な活動や、JICAと日弁連が共同で行った（小規模）開発パートナー事業における弁護士の具体的な活動については、第2部で詳しく述べられているので、ここでは、JICAの一般的な事業の流れを確認し、法整備支援の特徴を検討した上で、JICAの担当部局およびJICA内部の法律専門家（法整備支援に携わる国際協力専門員）が、

どのように法整備支援事業を実施しているかについて述べる。

(1) JICAの技術協力事業の流れ

JICAの行う法整備支援は、JICAの事業スキームとしては、技術協力[37]の形態で行われる。この技術協力の方法には、専門家派遣、研修員受入、技術協力プロジェクトなどがある。

JICAは、技術協力の開始に当たり、支援対象国のニーズ、日本および支援対象国の政策等を踏まえ、どの分野を対象に、どのような目的で、どのくらいの期間で、どのような方法で支援を行うかについて、支援対象国の関係者と共に協議を行い、協力内容を固めていく[38]。この際、案件実施の適切性を総合的に検討するため、「妥当性・有効性・効率性・インパクト・自立発展性」の5つの評価項目による評価[39]を行う。こうした協議や評価を経て、案件に関する詳細な計画が策定される。このような案件の実施前の段階における支援対象国関係者との協議、評価、詳細な案件の策定などは、JICAの担当部局が、JICA内部の専門家（国際協力専門員）と共に行う[40]。

案件の実施中は、JICA担当部局およびJICA内部の専門家（国際協力専門員）が、案件の活動内容に参画するほか、案件の運営に必要な、関係機関との折衝、外部専門家との調整、現地派遣専門家のバックアップ、日本国内の支援体制の構築・運営などを行う。

また、案件開始から一定期間経過した時点で行うレビューや、案件の終了時に行う評価を実施するのもJICA担当部局およびJICA内部の専門家（国際協力専門員）の業務である。レビューや評価の結果は、案件を改善するための提言に活用するほか、類似プロジェクトの形成・実施のための教訓として活用する。なお、JICAの技術協力は、一定の協力期間を経て終了する[41]のが前提であるが、当初予想されなかった問題が生じた場合など、必要に応じて継続的な支援や補完的な支援を実施する場合がある。この支援内容についての支援対象国との協議や評価、計画の策定も、JICA担当部局およびJICA内部の専門家（国際協力専門員）によって行われる。

(2) 法整備支援案件の特徴

JICAの法整備支援事業は、他の技術協力案件と同様、基本的に上記のプ

ロセスに則って実施されるが、典型的な技術協力とは異なる特殊な側面を有している。

まず、法整備支援は、体系的な知見・経験を支援対象国の関係者と共有しつつ、国全体の制度の構築や改善を支援対象国が自立的に行いうるよう支援するものである。支援対象国がこのプロセスを自立的に行えるようになるには長い時間がかかることが当初から予想される。

次に、支援対象国の「法整備」の状況を前提として支援しなければならないため、対象国の状況により技術協力の方法が大きく異なり、どの国でも活用可能な技術・手法、一定のノウハウやマニュアルは存在しない。

さらに、典型的な技術協力は、政策に変更が無いことを前提に技術・ノウハウを紹介し伝えることを協力内容とすることが多いのに対し、法整備支援は、支援対象国の政策具体化の支援を内容とするため、支援対象国の政策の変化に柔軟に対応しなければ、支援の目的が達成されない[42]。法整備支援では、支援側に政策変化に応じたフレキシブルな対応が求められる。

加えて、法整備支援が対象とする法令の起草などは、支援対象国全体の制度に関わるものであるため、支援対象国のステークホルダーが極めて多くなる。これに加え、実施体制の部分で述べたとおり、日本の優位性を活かすためには学識経験者や経験のある実務家の協力が不可欠であり、また、運用機関の能力向上やリーガル・エンパワーメントに関する支援については、この分野の知見・経験を有する日弁連、法務省等の協力が必要であるため、日本側のステークホルダーも多岐にわたる。

このように、法整備支援には、①ある程度の時間がかかることが当初から予想されること、②支援対象国の状況によって支援のアプローチが大きく異なること、③支援対象国の政策変化に応じてフレキシブルに支援内容を調整する必要があること、④支援対象国および日本国内のステークホルダーが多岐にわたること、といった特徴がある。法整備支援の企画・立案、モニタリング、評価などは、こうした特徴を踏まえて行わなければならない。

(3) 法整備支援の新たなニーズ

また、近年では、紛争終結後の復興国からの法整備支援の要請も増えており、これまでの支援の経験や日本の支援の特長を生かしつつ、復興国の新し

い支援ニーズにいかに応えていくかも重要な課題である。

　紛争影響国に対する法整備支援に関し、JICAはカンボジアにおいて10年以上にわたり法整備支援を実施してきたが、支援開始当初、法整備支援はJICAがノウハウ・知見を有していない支援領域であったこともあり、法整備支援を復興国における国づくり支援の一環としてどのように位置づけるか、復興国における他のセクターの整備と法整備支援をどのように連携させるか、といった点について、JICAが当初から十分なイニシアチブと戦略性を持って取り組んできたとは言い切れない面があった。この数年、アジアやアフリカにおける紛争影響国に対する法整備支援のニーズが高まっているところ、これまでの法整備支援の教訓を活用しつつ、国づくり支援・平和構築支援の一環としての法整備支援をどのように実施すべきなのかについて十分な検討を行った上、支援を実施（企画・立案、モニタリング、評価）しなければならない。

⑷　法整備支援案件のマネジメント

　上記のような法整備支援の特徴や新たなニーズを踏まえて、法整備支援案件の企画・立案、モニタリング、評価及び教訓の蓄積と反映に関する留意点をまとめると以下のとおりである。JICAは、以下の留意点を踏まえて、JICAが実施する法整備支援のマネジメントを行っている。

ア　「法整備」のプロセスと「支援」のアプローチの共有

　「法整備」には長い時間がかかり、それに対する「支援」にもある程度の時間を要することを前提に、支援対象国が行う「法整備」の中長期的なプロセスを見通した上、「支援」の目的、範囲、期間、方法等について、支援対象国および日本のステークホルダーと認識を共有することが重要である。

　具体的には、支援対象国において、ある法律・制度が形作られ、適切に運用され、国民がアクセスできるようになるために、どのような道筋が必要なのか、関連するどのような制度を整備する必要があるのか、といった「法整備」全体のプロセスに関し、支援の開始に先立って協議し、その全体のプロセスのどの部分を「支援」するのかについて、支援対象国および日本の関係者と認識を共有することが重要である[43]。例えば、民事訴訟に関する「法整備」について考えると、①民事訴訟法の起草（起草に関するキャパシティ・ディベロップメント）のみならず、②民事訴訟に関連する諸制度（民事執行制度等）の整備、

③裁判所の機能強化や裁判官および裁判所職員の能力強化、④弁護士への普及（弁護士の能力強化）や司法アクセスの向上、といった諸課題をクリアしなければ、紛争解決の手続ルールとして民事訴訟制度が機能することにならない。この①から④は、支援対象国が自らの責任で行う「法整備」であるが、これに対する「支援」を検討する場合には、①から④の「法整備」を支援対象国がどのようなプロセスで進め、そのプロセスの中で①から④のどの部分を「支援」の対象とし、それに対しどのようなアプローチで「支援」するのかについて、案件の開始に先立ち、支援対象国と日本の関係者間で認識を共有することが必要である。

　なぜなら、「法整備」は終わりのない取組みであるところ、このような共有を行わなければ、「支援」も終わりのないものとなってしまうからであり、また、「法整備」の中長期的な目標およびプロセスと、数年間の期間で行われる「支援」の目標およびプロセスとを明らかにして法整備支援を行われなければ、個別の協力案件に関し、現在の状態がどの段階にあるのか、正しい方向に進んでいるのかをモニタリングすることができないからである。加えて、開発途上国との対話を通じ、「法整備」全体のプロセスにおける「支援」の位置づけについて認識を共有し、「支援」の適切性をその都度確認することは、開発途上国に対するアカウンタビリティの確保からも極めて重要である。また、ODAによる法整備支援に関しては、プロセスとアプローチを明確化することにより支援の現状と終了への道筋を明らかにすることが、納税者に対するアカウンタビリティを確保することにもつながるのである。

イ　支援対象国のキャパシティの違いによる「支援」の相違

　支援対象国の「法整備」の状況、特に、開発途上国において「法整備」を行う組織や人材のキャパシティの違いにより、支援のアプローチは大きく異なる。

　具体的には、「法整備」を行っていく一定のキャパシティが備わっている国においては、「支援」の対象を限定することが可能である。上記アの民事訴訟制度の例で考えると、こうした国では、①のみを支援し、②から④は支援対象国に任せる、というアプローチも可能となる。もちろん、この場合でも、支援対象国が、将来にわたり、必要に応じて民事訴訟制度を改善できるようになるようキャパシティを向上することは重要な支援内容であり、日本法および

外国法の背景や関連諸制度との関係を踏まえた体系的な知見を提供し、支援対象国の社会、風土、既存の制度等との調和を図るための対話を通じた共同作業が必要となるが、そもそも一定のキャパシティが存在することに鑑み、支援の内容における「人材育成」の比重は小さくなる。

　一方、キャパシティの向上に時間のかかる国においては、支援対象の限定は困難であり、上記アの民事訴訟法の例で言えば、どのようにすれば①から④までの「法整備」を支援対象国が自立的に行うことができるようになるか、その全体像を支援対象国と一緒に検討することになる。このような国に対する支援では、まず、民事訴訟制度が機能するために、①から④が必要であることの認識の共有が必要となる。そして、例えば①に関する支援を検討する場合においても、②から④の状況を踏まえ、②から④の整備を行う支援対象国の関係機関(もしあれば)との調整が必要となる。もし①に加え、②から④(の一部)の支援が必要と判断される場合[44]には、どのようなプロセスで支援対象国が①から④の「法整備」を進めるかを支援開始に先立って協議し、その上で②から④(の一部)に対する「支援」のアプローチについて、支援対象国と日本の関係者間で認識を共有しなければならない。このような状況下では、①から④に関して、支援対象国の自立的な「法整備」を将来実現できる人材の育成(キャパシティ・ディベロップメント)が主要な支援内容となる。

ウ　政策変化に合わせた柔軟なマネジメント

　法整備支援の実施に当たっては、支援対象国の政策の修正・変更に合わせて、支援内容を柔軟に調整しながら、最終的な目的の達成のためのアプローチを検討しなければならない。

　法整備支援においては、共に活動を行う支援対象国の関係機関(カウンターパート機関)が政策の具体化について裁量を有する機関である上、支援対象が「法整備」すなわち「政策の具体化」(施策の決定・改善・変更)というプロセス自体であるが故に、案件の実施中に生じる政策の変化(それは案件の影響によっても生じる)を的確に知覚し、その動きに支援内容を適合させていかなければ、その支援は「政策の具体化」に貢献することにならないのである[45]。もちろん、「法整備」の前提となるそもそもの大きな開発戦略目標それ自体が変更される場合には、支援自体の見直しが必要となる場合もあるが、大きな開発戦略目標が維持され、支援開始時に共有した中長期的な「法整備」のプ

ロセスに変更がない場合には、政策の修正・変更に合わせて支援対象や支援手法を支援対象国との合意の上で見直すことにより、柔軟に支援を展開しなければならない。

　例えば、民間セクター活性化のために「法整備」を進めている支援対象国において、ある法令の改正案の起草を「支援」していた場合に、政治状況から同改正案が適時に立法化されないといった事情が生じたとしよう。このようなときであっても、民間セクター活性化という上位の開発戦略目標に変更がないのであれば、カウンターパート機関が、当該改正案が実現しようとしていた効果を別の「法整備」(別の法令の起草、既存の法令の運用改善など) で達成しようと考えるなら (言い方を換えれば、当初の計画とは別の形で政策を具体化しようとするなら)、カウンターパート機関と合意の上、この新たな「法整備」に対する支援を実施することも、最終的な支援の目的の達成に貢献することになるのである。

　開発途上国は、数多くの分野で開発課題に対処しなければならない上、政治的な安定性を欠くことも多いことから、改革プランの実施方法の変更や、立法スケジュールの修正などが頻繁に生じうる。このような状況を想定しつつ、開発課題の解決に向けた中長期的な「法整備」のプロセスを見通しながら支援内容を柔軟に調整することも、法整備支援の実施に当たっては重要である。

　エ　ステークホルダー間の調整

　開発途上国の「法整備」は当該国全体の制度に関わるため、開発途上国側の関係機関の範囲は広くなる。例えば、支援対象国の司法省が民間部門の経済活性化に関する「法整備」を行う場合、当該国の国家計画省、商業省、工業省、投資省、財政省、金融省、資源省、国土省、建設省といった関係省庁が行っている「法整備」との調整が必要となるし、法令の起草や立法化に際しては、当該国の定めるプロセス (省庁間会議、大臣会議等) に則り、最終的には議会 (立法機関) の議決を経なければならない。さらに、開発途上国は、その「法整備」に関し、複数のドナーによる支援を受けていることが通常であり、他の省庁・組織が行っている「法整備」との調整は、その背後のドナーの支援内容との調整も含むことになる[46]。

　こうした省庁間・組織間の「法整備」の調整は、本来支援対象国の政府内

で解決されるべき問題であるが、政府内部に調整機関がない（あっても機能しない）ことも多いため、支援を進めるにあたっては、カウンターパート機関である省庁・組織以外の省庁・組織が行っている「法整備」の状況を把握し、法令間に矛盾が生じたり、法令の運用に支障を来たしたりしないよう、カウンターパート機関に早めの調整を促し、カウンターパート機関が行う調整を「支援」することを検討しなければならない。

　一方、日本側に目を向けると、上述のとおり、日本の法整備支援の優位性を発揮するためには、学識経験者や実務家の協力が欠かせず、また、上述2⑶アで述べた運用機関の能力強化やリーガル・エンパワーメントを含めた包括的な視点に基づく支援を実施するためには、この分野で経験・知見を有する日弁連、法務省等の協力も不可欠である。JICAの法整備支援は、こうした数多くの関係者・組織の協力のもとで実施されており、こうした関係者・組織との間において、必要な情報を共有し、認識の共通化を図ることが、効率的な支援の実施につながる。特に、支援対象国が行う「法整備」の中長期的なプロセス、および「支援」の目的、範囲、期間、方法等について、関係者と十分に認識を共有することを怠ると、関係者間において目標や方向性に関する意見の食い違いが生じ、効果的・効率的な支援の実施が困難になる。案件のマネジメント上、関係者間の共通認識の醸成は極めて重要である。

⑸　紛争影響国における留意事項

　上記⑷アからエは、紛争影響国における法整備支援にも当てはまるが、紛争影響国の法整備支援で特に留意すべきなのは以下の点である。

ア　支援の緊急性と政府機能の回復

　紛争影響国においては、支援対象国の政府が政策決定機能を十分に果たせるようになるために時間を要することが常態である。本来、法整備支援は内政干渉的な支援となることを避けるべく、支援対象国の政策と支援内容の適合性を慎重に見極め、あくまで政策決定は対象国政府に委ね、決定された政策の「具体化（実現の手段）」を、支援対象国政府と共に考えるというスタンスで実施することが必要となる。しかし、紛争影響国において、政府機能が回復するまで支援を実施できないのでは、紛争終結直後の喫緊の課題への対処を支援することができないこととなる。

そこで、紛争影響国における法整備支援は、内政干渉的な支援とならないように配慮しつつ、必ずしも政策が確定していない喫緊の課題への対処を行うという、矛盾する要求を充たさなければならない。そのためには、対象国の国づくりの方向性を見据え、国づくりのために必要な法令や制度の整備のプライオリティと緊急性を支援対象国政府と共に検討し、将来における見直しをも考慮に入れて、支援対象を選択することが必要となる。

イ　立法機関の機能

　紛争影響国においては、議会（立法機関）が適切に機能していない場合が多く、法案の起草を支援の対象とした場合、同法案が適時に立法化されないことが頻繁に生じる。そのため、議会（立法機関）が機能していない国で法案の起草支援を検討する場合には、立法化の見込みを慎重に判断することが必要である。そして、立法化が見込まれないおそれがあるのであれば、その法案が立法化されることによって達成すべき目的（立法目的）を大局的に捉え、法案が速やかに立法化されない場合においても、その先にある目的に資するような支援内容のオプションを当初から検討すべきである。

ウ　人材育成

　紛争影響国では、多数の有識者が紛争の犠牲になったり、紛争を避けて国外に避難したりするなどの理由により、人材不足の程度が甚だしい場合が多い。このような場合においては、喫緊の課題に対処しながら同時に人材育成を進める方法について、支援対象国と共に慎重に検討しなければならない。また、人材育成について、短期的な育成の方針に加え、中長期的な見通しを立てる必要がある。

　この点で重要なのが、人材を再生産できる仕組みの構築が必要になるということである。復興を急ぐプロセスにおいては、支援対象国の一部のエリートのみとの作業に追われることがあるが、将来の自立発展的な「法整備」を可能とするためには、それらの一部のエリートが次世代を育成するという継続的な人材育成システムの構築の必要性についての視点を失ってはならない。

エ　ステークホルダー間の調整

　上記(4)エに記載した調整の必要性が紛争影響国では更に大きくなる。すなわち、紛争終結後は、あらゆる分野で復興が同時並行的に急ピッチで行われ、あらゆる省庁・組織が、様々なドナーの支援を得て、次々と新しい法案を

起草し、新しい制度を導入しようとする。そして、こうした取組みを調整できる政府の機能は十分に回復していない。

そこで、紛争影響国における法整備支援の実施に当たっては、各セクターで行われている「法整備」の調整に十分に留意しなければならない。

4　法整備支援の展望

以上、これまでのJICAの法整備支援の経験から得られた教訓と、それに対しどのように対処すべきかについて論じてきたが、今後の日本の法整備支援の実施に当たっては、どのようなことにさらに留意すべきだろうか。ここでは、法整備支援の終了についての考え方および国内外の連携の強化について検討する。

(1)　法整備支援の終了についての考え方
ア　開発途上国の「法整備」と法整備「支援」の終了

すでに述べてきたように、社会の発展に合わせて法令を制定(改正)し、運用組織の機能を強化し、リーガル・エンパワーメントを図る、といった意味での「法整備」は終わりのないチャレンジであり(それゆえ現在の日本も継続的に「法整備」を行っているのである)、開発途上国が自らの責任で将来にわたり継続していかなければならないのに対して、法整備「支援」には終わりがある(終わることを目標としている)。その終了に当たっては、支援開始時に共有した支援対象国の「法整備」のプロセスの進捗を確認しながら、「支援」自体の成果を見極め、支援対象国が自立的に法令や制度を見直し、必要な修正をし、必要な施策を取れるか(そう見込まれるか)を、支援対象国の関係者と相互に確認する、という作業が必要になる。

イ　「支援」の終了と「交流」の継続

ここで重要なことは、法整備「支援」の終了は、支援対象国と日本との間の関係および支援対象国の関係者と日本の関係者間の関係が終了することを意味しないということである。法整備「支援」の終了は、支援対象国と日本との間の対等なパートナーシップ関係構築の第一歩であり、相互の「交流」の新たな出発点でもある。

上記のとおり、「法整備」は永続的な取組みであり、支援対象国は、将来、社会の発展に応じて、法令を改正し、新法を制定し、運用を改善し、司法アクセスを改善し、必要な人材を育成していく。この際、日本が、必要に応じ、自らの力で、外国の法令や制度を調査・研究し、自身の「法整備」の参考にしているように、支援対象国も、将来同様の形で外国の法令や制度を調査・研究し、自身の「法整備」を継続していく。特に、日本の支援により、日本法、日本の経験および日本の実務から影響を受けた「法整備」を行った国は、さらなる「法整備」のために、自らの力で、日本の法改正や実務の変更等の情報を収集し、調査・研究を行うことになるであろう。また、逆に、将来の日本の「法整備」において、支援対象国の法令や実務の発展を参考にすることもあり得るであろう。こうした相互の「交流」に際して、支援を通じて蓄積された双方の法令・司法制度に関する知見、そして、支援を通じて培われた相互の信頼関係は、支援終了後も失われることなく、大きな財産として双方に利益をもたらすであろう。

　そして、実は、このような「交流」は、すでに「支援」と並行して進められているのである。ごく一部の例を挙げれば、カンボジア弁護士会と日弁連は友好協定を締結しており、今後もこの協定に基づく双方の「交流」が期待される。また、ベトナム最高人民検察院と法務省の交流事業はすでに長年にわたって継続しているし、ベトナム最高人民裁判所は、自己の費用負担で日本を訪問し、日本の司法制度の情報収集を行っている。さらに、インドネシア最高裁判所は、JICAによるインドネシア和解・調停制度強化改善プロジェクト[47]の終了後、毎年、自己の費用負担[48]で日本の法務省を訪問し、日本の法曹人材育成等について調査を行っている。

　「法整備」が終わりのないチャレンジであることに鑑みれば、「支援」中であるか「支援」の終了後であるかにかかわらず、開発途上国が様々のチャネルで「交流」を通じた情報収集、調査・研究を行うことは、自立的な「法整備」にとって重要であり、支援側も法整備「支援」の実施中の段階から、「交流」事業との相乗効果を検討すべきである。また、「支援」終了後の新たな「交流」関係の発展性についても、「支援」実施中の段階から支援対象国関係者および日本側関係者との間で認識を共有しておくことが重要であろう。

⑵　国内外の連携の強化に向けて
ア　国際コミュニティにおける連携

　2000年代初頭までは、世界各地の法整備支援の現場において、統一のとれない支援がもたらすモザイク的な法整備や、異なるドナーの支援による法制度間の矛盾等の問題が生じていた。近年では、このような過去の反省から、法整備支援に携わる援助国・援助機関の間で、相互に経験を学び合い、定期的な情報交換をする動きが盛んになっている。JICAの法整備支援においても、これまでも行われていた現場レベルにおける情報の共有と連携[49]に加え、国際コミュニティにおける協調・連携の議論に対する積極的な参加への取組みが行われている[50]。

　この点に関連し、法整備支援を取り巻く国際コミュニティの援助協調に関する議論は、より大きな政策枠組みの問題として援助国・援助機関間での政策の首尾一貫性を高めるべきであるという次元にまで至っており、その議論がコモン・バスケット（共通基金に対する拠出）などの財政支援の有効性の議論へと展開されがちな点には注意を要する。コモン・バスケット方式の財政支援では、支援対象国が作成した開発計画に対して、援助国・援助機関は共通の基金（コモン・バスケット）から資金を提供し、その計画の実施を監視するという方法で支援が行われる。こうした方法を推進する援助国・援助機関は、この方法によれば、支援の効率性が高まり、さらに援助モダリティや援助手続の共通化が図られることにより異なるドナー間での支援の首尾一貫性も保たれると主張する。こうした「枠組み志向」のアプローチに対し、JICAの法整備支援は、支援対象国との対話と協働を重視し、個別案件ごとに目標と成果を設定し、個別案件ごとにモニタリングを行い、着実にキャパシティ・ディベロップメントを図ろうとするプロジェクト型支援を採用している。言わば「現場志向」のアプローチであるが、JICAのこのような取組みは近時の国際コミュニティの議論の潮流からは異端視される可能性がないとは言えない。

　もちろん、財政支援かプロジェクト型かと言う二者択一の議論は適切ではなく、各開発途上国のコンテクストに合わせ、その国の法整備支援ではどのような手法が適切なのかを支援対象国を含めて議論し、その中で援助協調を推進する必要がある。JICAとしては、財政支援の優位性のみを強調する議論に対しては、プロジェクト型支援の意義と成果を発信・共有し、認識ギャッ

プを小さくすると同時に、プロジェクト型支援・財政支援が成果を上げる条件・環境を整理し、支援対象国の実情・ニーズに合致した支援を国際協調の下で効果的に提供できるよう、さらに検討を進めなければならない[51]。

イ　国内の連携──オールジャパンの取組み

　すでに述べたとおり、法整備支援は、体系的な経験・知見を支援対象国と共有しなければならないことに加え、前述の日本の優位性を活かすためには、各分野の知見・経験を有する専門家による充実した支援体制のもと、きめ細かい支援を行うことが重要である。そのため、JICAでは、2(3)ウで述べた実施体制を構築し、3(4)の留意点を踏まえて、法整備支援を実施している。

　こうした取組みが可能となっているのは、日弁連を始めとする関係機関や外部有識者の協力があるからである（JICAの行う法整備支援は、このような関係者・関係機関の協力なしでは成り立たない）。JICAは、日本国政府のODAの実施機関であり、ODAによる法整備支援については、JICAが実施主体となる[52]が、JICAは、150以上の開発途上国（地域）において、様々な分野の技術協力、有償および無償の資金供与による協力などを実施しており、それぞれの分野で活動する数多くの専門家をJICA内にプールしておけないため、支援の実施に当たって必要な場合は、各分野の専門家を外部から登用[53]する。法整備支援に関して、支援対象国と協議の上合意した内容の支援を行うために必要があれば、法曹や各分野の専門家が所属する日弁連、法務省、経済産業省、公正取引委員会、大学などに協力を要請し、弁護士、検事、専門性を有する公務員、学識経験者等、支援対象分野の知見・経験を有する専門家に、開発途上国および日本国内でJICAの法整備支援活動をサポートしていただいている。また、開発途上国のコンテクストに応じた法整備支援を行うためには、地域研究者の協力も不可欠であり、また法・司法分野に隣接する分野の研究者・実務家との協働も必要となる。法整備支援の適切な実施に当たって、こうした関係者・関係機関との連携の強化は今後も非常に重要である。

　この連携の強化に向けた取組みとして、法整備支援の実施主体であるJICAは、関係者との間で、支援対象国の「法整備」のプロセスおよびそれを踏まえたJICAの「支援」のアプローチに関する短期的および中・長期的な認識の共有化を図り、共通の理解の上で支援の成果が広く末永く開発途上国

に貢献するための土台作りをしている。こうした認識の共有は、JICAの法整備支援と並行して行われる、そしてJICAの法整備支援の終了後も継続して行われる、他機関による法整備支援（国際司法支援）または法整備交流との相乗効果を生じさせることが期待される。

　ところで、本章で述べたJICAの法整備支援に対する基本的な考え方は、例えば日弁連などが独自に行う法整備支援（国際司法支援）に対する考え方とは異なるであろう。しかし、組織としての存在意義が異なる以上、考え方が異なるのはむしろ当然である。ここで重要なのは、役割が異なる組織間の連携が進み、相乗効果を生じさせることができれば、開発途上国の「法整備」を、より効果的に「支援」できるという点である。そのために必要なのは、関係者・関係機関間における情報の共有や対話をより一層進めることである。こうした共有と対話から、それぞれが役割を認識し、自覚的に連携することが可能となる土壌が醸成されるのである。法整備支援に関わる関係者・関係機関が、オールジャパンとして効果的な連携を図り、それぞれの取組みが他の取組みと相乗効果を発揮することになれば、日本の法整備支援は、開発途上国の「法整備」、そしてこれを通じた開発課題の解決に大きく貢献できることになるであろう。

　法整備支援は、支援対象国全体の制度、社会の仕組みに関わる息の長い取組みであり、各組織や個人の単独の努力では、最終的な目的は達成されない。開発途上国がそれぞれの開発課題（貧困削減、平和構築、持続的成長等）に対処するために行っている「法整備」に対して、どのようにすれば最も効果的に「支援」しうるのかについて、日本で法整備支援に携わっている（携わろうとしている）関係者全員が共に考え、協働することが必要であり、これまでの法整備支援から得られた教訓を共有し、各組織（個人）の立場の違いを相互に理解した上で、それぞれが自覚的に法整備支援に対する役割を担う必要がある。

5　最後に

　「黒衣になる覚悟がありますか？」
　これは、筆者が国際協力——法整備支援——の世界に足を踏み出そうと

した際にかけられた言葉である。

　法整備支援における主役は、支援対象国（支援対象国の国民）である。日本の法律家は決して主役ではなく、自らが「法整備」をするのでもない。日本の法律家は、支援対象国の人々が直面する開発課題の解決に向けた「法整備」を支援対象国が適切に効果的に行うことができるように、きっかけを与え、サポートし、ファシリテートするのが役割である。そして、日本の法律家がこうした役割を適切に果たすことができる「黒衣」の資質を有していることは、本章の冒頭で述べたとおりである。本章で述べた、「法整備」の機能、これに対する「支援」の考え方、JICAの方針、実施上の留意点等は、すべて、「法整備」を主体的に行う者に対してではなく、「黒衣」に向けて論じたものである。「黒衣」がより「黒衣」の仕事を果たすためのエッセンスと認識いただけると幸いである。

　「そんな黒衣の仕事が楽しいのですか？」

　本書の読者は、おそらく、そのようには尋ねないであろうが、もしこれに疑問を持つ人がいたら、──そのときは、ぜひ法整備支援を実際に自分の目で見て、耳で聞いて、肌で感じて、自分の答えを見つけていただきたい。

　※　本文中の意見にかかる部分については、あくまで私見であり、筆者の属する法人等の公式見解ではない。

1　ここで「日本の」とは「日本で（法学）教育を受けた」という趣旨であり、国籍を問うものではない。また、「法律家」とは「法律のバックグラウンドを持って業務に従事している者」という趣旨であり、いわゆる法曹に限定されない広い意味で用いる。
2　日本弁護士連合会では「国際司法支援」という表現が使用されているが、JICAにおいては開発途上国自身の「法整備」という自助努力を「支援」するという趣旨で「法整備支援」という表現を使用しているため、本章では「法整備支援」という表現を用いる。なお、開発途上国の「法整備」は各国が自らの責任で行うものであり、支援機関は、その「法整備」に向けた各国の努力を「支援」しているという点は、ここで特に強調しておきたい。支援機関は、開発途上国において自ら「法整備」を行うことは決してできない（これを行うことは開発途上国の主権の侵害である）。私たちは、「法整備」という言葉と「法整備支援」と言う言葉とを明確に区別して使用しなければならない。
3　あくまで「傾向」として本文のような現象が多く見られてきたということであり、これまでの法整備支援は総じて間違っているとステレオタイプに論じるつもりは毛頭ない。これまでの法整備支援においても、グッドプラクティスは相当数存在するし、法整備支援の現場では、開発途上国の法律家と共に真摯に問題に取組んでいる国内外の法律専門家が多数存在する。

4 各国が行っている「法整備」それ自体が試行錯誤の連続なのであるが、法整備支援も、過去数十年にわたる試行錯誤を経て、こうしたコンセンサスが醸成されつつある段階に至ってきている。過去の法整備支援の試行錯誤については、松尾弘『良い統治と法の支配──開発法学の挑戦』(日本評論社、2009年)参照。

5 念のため補足するが、本文は、日本の法律家以外は配慮できない、という意味ではない。日本の法律家以外にも、本文の配慮を意識的に行っている法律家は多数存在する。

6 この点、詳細は本章2(3)イ参照。

7 国際協力専門員とは、JICAの協力事業に携わるプロフェッショナルスタッフであり、JICAが実施する各種事業への計画策定・実施・評価に関する助言などのシニア・アドバイザーとしての国内業務と、途上国への派遣専門家等としての海外業務とをローテーションして行っている<partner.jica.go.jp/shigoto/job/job_8.html>。

8 多くの開発途上国では貧困削減が大きな課題であり、持続的成長も多くの開発途上国が取り組んでいる課題である。また、紛争終結後の開発途上国では平和構築や復興が最大の開発課題となろう。

9 JICAの法整備支援の実績に関しては、JICA「『法の支配』の実現を目指して──JICA法整備支援の特色」(2009年)参照<gwweb.jica.go.jp/km/FSubject0401.nsf/03a114c1448e2ca449256f2b003e6f57/71a3b57ba19c9c1649257721000cef40?OpenDocument>。

10 JICAは、「開発途上にある海外の地域(以下「開発途上地域」という)に対する技術協力の実施、有償及び無償の資金供与による協力の実施並びに開発途上地域の住民を対象とする国民等の協力活動の促進に必要な業務を行い、中南米地域等への移住者の定着に必要な業務を行い、並びに開発途上地域等における大規模な災害に対する緊急援助の実施に必要な業務を行い、もってこれらの地域の経済及び社会の開発若しくは復興又は経済の安定に寄与することを通じて、国際協力の促進並びに我が国及び国際経済社会の健全な発展に資することを目的とする」(独立行政法人国際協力機構法3条)。

11 ガバナンス全体に対する支援の考え方については、以下のウェブサイト参照<www.jica.go.jp/activities/issues/governance/index.html>。

12 ODA大綱「2.基本方針(1)開発途上国の自助努力支援」<www.mofa.go.jp/mofaj/gaiko/oda/seisaku/taikou/taiko_030829.html>。

13 なお、ODA大綱については見直しの議論が進められているが、2010年に報告されたODAのあり方に対する検討でも、持続的成長、平和構築、投資環境整備(法制度整備を含む)などが引き続き重要な支援対象とされており、ODAにおいて法整備支援が重視される潮流には変化がないものと思われる<www.mofa.go.jp/mofaj/gaiko/oda/kaikaku/arikata.html>。

14 法「制度」整備支援という用語が用いられているが、それまで日本国政府が行っていた「法整備支援」との違いがどの程度意識されているかは、説明がないため不明である。「法制度整備支援」も、本章で述べている「法整備支援」と大きな違いは無いものと理解してよいものと思われる。

15 <www.kantei.go.jp/jp/singi/kaigai/dai13/13besshi.pdf>。

16 <www.mofa.go.jp/mofaj/gaiko/oda/seisaku/keitai/gijyutsu/houseido.htm>。

17 同基本方針についても改訂の議論が進められているが、法整備支援の重要性については位置づけに変化はないものと思われる。

18 <www.npu.go.jp/policy/pdf/20111226/20111224.pdf>。
19 JICA・前掲注9報告書。なお、この報告書の取りまとめの経緯等については、佐藤直史「法整備支援実施機関の近年の取組みと法律家（法整備支援専門家）の役割」法律時報82巻1号（2010年）26頁参照。
20 JICA「課題別指針――法整備支援」（2011年）<gwweb.jica.go.jp/km/FSubject0401.nsf/3b8a2d403517ae4549256f2d002e1dcc/683d2caebef77062492578b200056222?OpenDocument>。
21 ここでいう「政府」とは、立法・行政・司法を含む統治機構全体を指す。以下、特に断りの無い限り、本文中における「政府」は、この意味で用いる。
22 本文のガバナンスの定義については、JICA「JICAにおけるガバナンス支援――民主的な制度づくり、行政機能の向上、法整備支援」（2004年）<www.jica.go.jp/jica-ri/publication/archives/jica/field/200411_gov.html>参照。
23 「法の支配」の概念はきわめて多義的であるが、およそ定着している定義としては、次の2つがある。①法または法システムに関する特定かつ観察可能な指標による「形式的定義」（例えば、形式上独立し、かつ、公平な司法部門、公にされた法律、特定の個人や階級にのみ適用される法律の不存在、遡及的な法律の不存在、政府の行為に対する司法審査に関する規定などの必要最低限の形式）、②法システムの正義や公正などの実体的価値の実現への貢献でみる「実体的定義」（松尾弘「国際開発援助と『法の支配』」社会科学研究56巻5・6合併号〔2005年〕109〜137頁、Stephenson A. (2001) "Rule of Law as a Goal of Development Policy"<www1.worldbank.org/publicasector/legal/ruleoflaw2.htm>）。
24 松尾弘「開発法学の根本問題――法の支配と良い統治の関係を中心に」Law and Practice 2号（2008年）25頁以下。同・前掲注4書9頁以下。
25 なお、本文に述べている問題は、現代の日本でも程度の差こそあれ生じている問題であり、その意味では日本も「法の支配」を確立・実現した、とは言い切れないのであって、日本は、「法の支配」の実現への取組みが比較的進んでいる国である、といった表現が適切である。本文(2)アに述べた内容も、法の支配やグッド・ガバナンスが完全に構築・実現され、完全に維持されて始めて成り立つといった「あるかないか」の議論として理解すべきではなく、あるべき姿の構築・実現に向けた努力を行い続ける動態的なプロセスの中で理解すべき事項と言えよう。
26 ちなみに、ここで言う「経済主体」は規模の大きさを問わない。むしろ、開発途上国では、民間セクターの多くは、個人ベース・家族ベースのビジネスであり、そうした小規模の経済主体の発展が重要な検討課題である。開発途上国では、不透明な手続で生産手段を取り上げられたり、法を超えた手続を要求されたりすることがあるが、こうした状況下で小規模な経済主体が安心して経済活動を行えないことは自明であろう。
27 また、他の分野においても開発が進まなければ、「法の支配」の構築も困難となる。例えば、公共交通インフラが整備されなければ、いくら裁判所の機能を充実させても、国民（特に貧困層）の司法へのアクセスが保障されることにつながっていかない。開発途上国の開発課題は相互に関連しているのである。
28 詳細はJICA・前掲注9報告書参照。
29 ただし、支援対象国の状況・ニーズによって支援内容・支援の範囲は異なり、JICAでは(ｱ)から(ｳ)の要素を組み合わせながら支援を行っている。
30 「キャパシティ・ディベロップメント」はJICAの支援の重要な基本概念である。JICA「途上

国の主体性に基づく総合的課題対処能力の向上を目指して キャパシティ・ディベロップメント（CD）——CDとは何か、JICAでCDをどう捉え、JICA事業の改善にどう活かすか」（2006年）<www.jica.go.jp/jica-ri/publication/archives/jica/cd/200603_aid.html>。

31 支援対象国の状況・ニーズによっては、人材育成を全面に押し出す内容としないこともある。この点は本文中で後に述べる。

32 詳細は、JICA・前掲注9報告書参照。

33 日本の法整備の特徴に関し、三ケ月章『司法評論(3)』（有斐閣、2005年）14頁以下参照。

34 実際に、筆者が長期派遣専門家としてベトナムに赴任していた際（2004年から2006年）、ベトナムの法律家からよく聞かれたのは、次のようなことである。「日本の法律の情報ならインターネット等を通じて得ることができるが、私たちが知りたいのは（インターネットで入手できないのは）、日本が試行錯誤したプロセスである。特に、どのような失敗があり、そこから何を学び、どのような改善を加えて現在の制度を構築したのか、といったことを知りたい。こうした情報がベトナムにとって大いに参考になるのである」。

35 例えば、ネパールにおけるJICAの法整備支援に関し、以下のウェブサイト参照<www.jica.go.jp/topics/2010/pdf/20100910_newsletter_nepal.pdf>。

36 筆者が参加した法整備支援に関する国際会議において、JICAの法整備支援の体制は、常に参加者の大きな関心を集めている。例えば、2010年7月のHague Institute for the Internationalisation of Law主催のワークショップ "Toward Responsive Rule of Law: Actors and Accountability" においては、JICAの支援体制は、法整備支援の質の確保の有力な手段であるとの評価を得た。

37 JICAの他の事業形態としては、有償資金協力、無償資金協力、ボランティア派遣などがある。

38 なお、案件開始に先立つ正式な手続としては、支援対象国からの要請を受けて、日本国政府として採択するといったプロセスがある。詳細については、以下のウェブサイト参照<www.jica.go.jp/activities/schemes/tech_co.html>。

39 事業規模によっては、簡略化された評価が行われる。なお、JICAが行う評価について、詳細は以下のウェブサイト参照<www.jica.go.jp/activities/evaluation/index.html>。

40 なお、協議、評価等については、外部専門家の助言や参加を求めることも多い。案件実施中のレビューや、終了時における評価、継続的・補完的な支援についての協議、評価等についても同様である。

41 JICAの支援は、開発課題の解決のための開発途上国の自助努力に対する「支援」であり、終了することが第一義的な目的である。また、JICAの支援の原資は税金であり、納税者に対するアカウンタビリティの確保の観点から、一定の期間ごとに成果や達成度の評価を行う必要があるため、JICAの支援は、一定の期間（5年以内）に限って行われる。

42 さらに言えば、法整備支援によって、支援対象国の関係者に「気づき」が生じ、それが政策に反映されること（例えば、ある制度や考え方が支援対象法案に盛り込まれること）が、法整備支援案件の成果を測る指標である場合も多い。こうした意味では、政策変更は、法整備支援に内在しているとも言える。

43 このようなプロセスを取った事例として、ラオス法律人材育成強化プロジェクトがある。同プロジェクトの内容については、以下のウェブサイト参照<gwweb.jica.go.jp/km/ProjectView.nsf/fd8d16591192018749256bf300087cfd/

5152046edb1b5fe0492576ff000696e2?OpenDocument>。また、同プロジェクト案件形成のプロセスについては、佐藤直史「ラオス法律人材育成強化プロジェクト立上げにおける共通理解の形成──本案件形成プロセスの含意と教訓」ICD NEWS 44号（2010年）28頁。

44 このような国においては、②から④に対する支援も必要となる場合が多いが、あらゆる分野の支援を一国で行うことは到底不可能であり、他ドナーとのデマケーションも検討しなければならない。

45 政策支援分野以外の支援では、このような「政策の具体化」（施策の決定・改善・変更）はプロジェクト実施前に明確になっているのが通常である。支援対象は、政策に基づき「具体化された施策」であり、それ故に、「政策の変更がないこと」が支援の条件になる（政策の変更があると「具体化された施策」は根拠を失う）のである。

46 JICAの法整備支援に関して、過去には、この調整が後手に回ることもあり、支援の成果の実現に労力を要した事例もあった。例として、香川孝三・金子由芳編著『法整備支援論──制度構築の国際協力入門』（ミネルヴァ書房、2007年）第三章第5節、第6節参照。

47 本プロジェクトについての詳細は、第2部第10章の角田弁護士の報告を参照。

48 訪問団の一部の費用は、法務省が負担している。

49 近年では、JICAの支援で起草された民法草案について、広くパブリックコメントを得るためのセミナーの開催をUNDPと共同で行う、といったネパールの連携事例などに見られるように、支援の成果をより拡大するための戦略的な連携が行われている。

50 佐藤・前掲注19論文参照。

51 例えば、JICAは、これまで法整備支援において財政支援を行ってこなかったのであるが、有償資金協力等を通じ、ベトナムやカンボジアの貧困削減戦略に対する財政支援を行っているところ、今後は、資金協力事業も統合した機関であるJICAの強みを活かし、例えば財政支援に法・司法制度の改革の推進を政策条件として盛り込みプロジェクトと連動させる試みなど、法整備支援における技術協力と有償資金協力との組み合わせの有効性の検討なども行う必要がある。

52 この点、実施主体に混乱を招きやすい事業として、「（小規模）開発パートナー事業」がある。「（小規模）開発パートナー事業」は、現在は廃止され、「草の根技術協力事業」という名称になっている。この「草の根技術協力事業」は、国際協力の意志を有する日本のNGO、大学、地方自治体および公益法人等の団体による開発途上国の地域住民を対象とした協力活動を、JICAがODAの一環として促進し助長することを目的に実施する事業であり、具体的には、JICAがNGO等の団体による主体的な活動の提案を審査し、ODAによる実施が妥当であると認める提案について、その活動を支援したり、共同で実施したりするものである。この事業実施形態から、JICAと日弁連とが共同で実施したカンボジアにおける「（小規模）開発パートナー事業」は、日弁連の主体性が高い事業であったということができる。草の根技術協力事業については、以下のウェブサイト参照 <www.jica.go.jp/partner/kusanone/what/index.html>。

53 法整備支援分野のみならず、保健、教育、インフラなど、JICAがODAとして行う国際協力の様々な分野で数多くの外部の専門家が活躍している。

第2部　実践報告

第1章 カンボジアでの立法支援

本間佳子

1 日本の立法支援

1990年代の半ばから、日本は、国際協力機構(JICA)による政府開発援助(ODA)として、発展途上国に対して立法支援を行っている。この立法支援は、1989年のソ連・ゴルバチョフ大統領(当時)による「ペレストロイカ」政策、それに続く1991年のベルリンの壁崩壊に象徴される、世界における社会主義国体制の崩壊あるいは社会主義体制から市場主義経済への移行に伴う法整備を助けるものが中心である。

日本の立法支援の特色として、①要請主義が徹底されており、コンディショナリティをつけないこと、②相手国カウンターパートとの共同作業とそれを通じた人材育成が重視されること、③研究者ならびに法務省・最高裁判所・日本弁護士連合会という法曹三者の公的機関から送り出された専門家を投入し重層な支援体制をとること、④起草作業後に手厚いフォローアップがなされること、などが挙げられる。

2 カンボジアに対する立法支援

(1) はじめに

日本または日本の法律家がカンボジアに対して行った立法支援のうち代表的なものは、JICAの重要政策中枢支援「法制度整備」プロジェクトによる民法典、民事訴訟法典ならびにそれらに関連する付属法令の起草・立法支援である。

このほか、非政府組織(NGO)や日本の弁護士個人による、トラフィッキング法や少年法起草支援も行われたが、ここでは、日本の代表的な起草支援と

して上記JICAプロジェクトによる民法典・民事訴訟法典ならびにそれらに関連する付属法令の起草・立法支援を紹介する。

(2) **背景**

カンボジアは、1975年から1979年までのポル・ポト政権によって、それまでの一切の法が廃止され、粛清や圧政によって多くの知識人が命を落とし、また多くが他国に亡命した。ポル・ポト政権崩壊時にカンボジア国内に生き残った法律家は10名未満であったといわれている[1]。さらにその後も内戦が続き、国の中枢となるべき人材が命を落とし、また他国から帰還できない状態が続いた。国連カンボジア暫定統治機構（United Nations Transitional Authority in Cambodia: UNTAC）の暫定統治下で暫定刑法・刑事訴訟法が制定され、国際社会の協力のもと制憲選挙が行われ、1993年にようやく憲法の制定をみた。しかし、民法、民事訴訟法を自力で起草することはできなかった。

日本のカンボジアに対する立法支援は、このような状況のなかで、カンボジアのチャム・スグム司法大臣（当時・故人）が森嶌昭夫教授に民法・民事訴訟法の立法支援の要請をしたことをきっかけとする。

(3) **JICAプロジェクト・フェーズ1──起草支援**

数年の事前調査を経て、1999年3月からJICA重要政策中枢支援「法制度整備」プロジェクト・フェーズ1が始まった。当初2002年3月までの期間が予定されていたが、1年延長され、2003年3月までをフェーズ1として民法典および民事訴訟法典の起草作業が行われた。

まず、カンボジアと日本の両国において民法および民事訴訟法起草の作業部会が組織された。日本側は、民法作業部会は森嶌昭夫教授が部会長を務め、新美育文教授、浦川道太郎教授、鎌田薫教授、佐藤恵太教授、棚村政行教授、能見義久教授、野村豊弘教授、松本恒雄教授、本山敦准教授、山本豊教授、南敏文判事に法務省民事局からの委員が加わった。民事訴訟法作業部会は、竹下守夫教授が部会長を務め、上原敏夫教授、池田辰夫教授、大村雅彦教授、春日一郎教授、高田昌宏教授、松下淳一教授、三木浩一教授、山本和彦教授、柳田幸三判事に法務省民事局からの委員が加わった。メ

ンバーを見て明らかなとおり、日本側の作業部会は、日本を代表する研究者を中心として構成され、さらに裁判所および法務省からも十分に経験のある法律家が投入された。民事訴訟法作業部会の委員は、少し前に行われた日本の民事訴訟法改正における法制審議会のメンバーと相当数重複しており、民法作業部会についても、その多くが、その後日本で始まった債権法改正作業において中心的役割を担っている。他方、カンボジア側は、司法大臣が総責任者となり、次官、次官補に加え、数名の優秀な裁判官（そのうちには、カンボジアの公用語であるクメール語の語源となるサンスクリット語やパーリ語にも造詣のある人が含まれていた）と若干名の司法省職員が作業部会を構成した。また、日本から、アドバイザーとして弁護士1名と業務調整員（日本の法律とクメール語の堪能な者）1名が長期専門家として司法省に派遣された。なお、長期専門家は、1～2年毎に交代した。

　立法作業においては、最初に、それぞれの立法の基本方針を両国作業部会が合同で検討した。カンボジア側から、カンボジアを民主国家として再建し、21世紀の世界の中で誇ることのできる民法・民事訴訟法を作りたいとの希望が表明され、日本側から、日本だけでなく世界の民法・民事訴訟法の発展を踏まえた、現在世界の先進諸国の多くにおいて認められている民法・民事訴訟法における基本原則や国際社会における共通ルールが紹介された。議論のうえで、両法案の大枠が策定され、編、章などの編成が提案され決定されていった。

　次に、日本側では、章などのまとまりごとに条文起草担当者が決められ、担当者が日本語で条文案を起草し、各部会において、条文案を検討した。日本側の案として一応まとまったものを、数名の日本語・クメール語の翻訳者が翻訳し、カンボジア側に送付。さらに、カンボジア側に日本の起草担当者が出向いて、ワークショップを開き、カンボジア側作業部会員のみならず、広く関係官庁やNGO担当者などにも参加を呼びかけて、日本側の条文案を説明したあとに質疑応答や意見聴取を行った。ワークショップの結果を日本に持ち帰って、条文案を修正し、修正結果をクメール語に翻訳してカンボジアに送付した。

　その間、カンボジアにおけるワークショップのほかに、1年に複数回、カンボジアから代表メンバーを日本に招聘して、日本における裁判制度の見学や

集中講義などを含む研修を行い、カンボジア側作業部会の中心メンバーの能力向上が図られた。

　日本側で確定された条文案は、その後カンボジア作業部会（用語確定会議）において、1条1条、クメール語としての正確性や適切さの検討がなされ、司法省条文案として確定された。これは、それまでカンボジアになかった法律用語の創造を含む労作業だった。このカンボジア側の用語確定会議にも、日本から派遣された長期専門家（弁護士など）が同席し、起草担当者の立法意図や日本における類似条文がどのように解釈されどのように適用されているかを随時説明して作業を助けた。

　プロジェクトの成果として2003年3月に民法典および民事訴訟法典草案（同国の公用語であるクメール語、日本語、英語仮訳）がカウンターパートであるカンボジア司法省に引き渡された。その後、カンボジア司法省が草案の最終チェックや法案提出にかかる趣旨説明書などをまとめ上げる作業を継続し、同年6月に閣僚評議会（日本での内閣）に両法典の草案を提出し、民法典および民事訴訟法典の起草は一応の完了をみた。

　この間、日本側の作業部会は、民法作業部会51回、民事訴訟法作業部会51回が開催され、現地でのワークショップは民法17回、民事訴訟法13回、日本における研修7回が開催された[2]。

(4) JICAプロジェクト・フェーズ2以降——立法・普及支援

　その後、JICAプロジェクトは、2003年3月から2004年3月までの1年間の次フェーズ準備期間を経た後、フェーズ2（2004年4月から2008年4月）、フェーズ3（2008年4月から2012年3月）へと継続され、さらに、2012年4月から5年間の予定で「民法・民事訴訟法普及プロジェクト」が始まり、現在に至っている。

　フェーズ2では、当初から継続された司法省をカウンターパートとする支援に加え、2003年に開校された王立裁判官検察官養成校（日本の司法研修所に近い組織。Royal School of Judges and Prosecutors: RSJP）をカウンターパートとする支援が加わり、さらにフェーズ2の後半から2010年までは、カンボジア弁護士会をカウンターパートとする支援もJICAの重要政策中枢支援「法制度整備」のアンブレラの中に取り込まれて実施された。

司法省をカウンターパートとする支援は、民法典・民事訴訟法典起草支援から引き続いて「立法化支援」を活動の中心に置き、起草した法案についての、閣僚評議会ならびに法律家委員会での説明、国会上程への準備作業、国会における趣旨説明や質問に対する対応について、カンボジア司法省に助言した。また、同時並行で司法省が行う草案普及活動（裁判官等裁判所職員等への各地でのセミナーなど）を支援した。

　両草案は、当時のカンボジアの国会の慣例（それまでは、すべての法案を1条1条本会議で審議する慣例があった）からすると異例の速さで審議され、2006年7月に民事訴訟法典が国会で成立して公布され、2007年10月には民法典も国会で成立して公布された。

　その後は、成立した法典が施行され、実際の裁判で適切に適用されるように、関連・付属法令（過料法、執行官法、民法施行法、人事訴訟法、民事非訟事件手続法、裁判上の寄託に関する省令など）の起草支援ならびに裁判官や弁護士のトレーニングを中心とする普及活動・人材育成がプロジェクトの内容となった。

　裁判官検察官養成校や弁護士会に対する支援については、それぞれ別章における説明に譲る。

(5) 日本のカンボジアに対する立法支援の特色と評価

　日本がカンボジアに対して行った民法典・民事訴訟法典起草支援の最大の特色は、単に条文案を提供しただけではなく、最初から最後まで、カンボジア側のメンバーの主体的参加を得た共同作業として行われ、カンボジア側の起草担当メンバーのキャパシティ・ビルディングに多くの時間とエネルギーが投入されたことである。その結果、カンボジア側作業部会の中心者がその後カンボジア司法省筆頭次官となってカンボジアの民事・刑事すべての法整備の責任を担っており、他の中心者は控訴裁判所長官となり、また、作業部会で何度か日本での研修を受けた30代の若手の中から2名が最高裁判所裁判官に抜擢されカンボジア司法の中心を担っている。また、作業部会唯一の女性若手委員として研修などに参加していたメンバーが民事局長、次官補、次官とスピード出世し、筆頭次官と共にカンボジアの法整備の中核を担っている。今では、これらのメンバーが中心となって、カンボジア司法省において

関連付属法令の条文案を起草できるようになった。

　日本が行った「共同作業方式」はカンボジア側に高く評価され、カンボジア側からのリクエストによって他国の法整備プロジェクトでも共同作業方式が採用されるなど、影響を与えた。

(6) 問題点

　カンボジアに対する日本の立法支援において、問題として生じた最大のものは、他のドナーが支援した関連法（案）との矛盾、衝突が生じたことであった。特に、民法と土地法、担保取引法草案との衝突、民事訴訟法と商事裁判所法草案との衝突は大きな問題となった[3]。

　民法と土地法の衝突は、主に不動産登記を不動産物権変動の対抗要件とするか効力要件とするかについて生じた。日本側は、起草にあたって、カンボジアの土地法の条文、カンボジアの旧民法の規定を十分に検討し、かつ複数回に亘ってカンボジア作業部会メンバーおよび土地管理都市計画建設省にヒアリングを行った。その結果、対抗要件主義をとるとの結論を出し、登記を物権変動の対抗要件とする旨の条文案を作成した。しかし、2002年になって、土地法の施行を支援していたアジア開発銀行等から、土地法の規定は土地所有権と登記が一致するいわゆるトーレンズシステムを導入したものであり、民法草案の規定は土地法の施行を妨げるとクレームがつき、大論争となった。結局、カンボジアのソク・アン上級大臣（当時）から「ドナー間で調整してほしい」との要請があり、日本の民法作業部会から代表がアメリカ合衆国ワシントンDC所在の世界銀行本部に出向いて、協議が行われ、日本が譲歩して条文案を変更した[4]。

　多数のドナーがひとつの国の様々な法律の起草支援を行うことで、法体系の統一性が損なわれる場合がある。本来的には、被援助国の政策決定力の問題であると思われるが、被援助国にその力が乏しい場合、ドナー間のコーディネーションが重要になる。

　そのほか、立法支援について、今後の課題として意識される問題点は、以下のとおりである[5]。

　第1に、立法は主権の発動であり、相手国のオーナーシップが十分に発揮されるように細やかに配慮しない限り、形を変えた植民地支配ないし主権侵

害の危険を孕む。日本以外の諸外国（とくに欧米諸国）ならびに世界銀行やアジア開発銀行などの国際機関による立法支援は、明らかなコンディショナリティをつけ、一つの政策を実現させる明確な意図をもって支援がなされている。これとの比較において、近時、日本の立法支援はあまりにも理想主義に過ぎるのではないか、ODAとして税金を使う限り日本の国益を考え、日本の企業などに有利になるような立法支援をすべきではないかという議論がなされることがある。しかし、短期的な国益を求めることによって、形を変えた主権侵害と誤解されることがあってはならない。

　第2に、相手国の自立をいかに促進し、プロジェクト終了への道筋をつけるかである。法整備支援の最終目標は支援が必要のない状態にすることである。その意味で出口政策が重要になる。

1　四本健二『カンボジア憲法論』（勁草書房、1999年）19頁。
2　本間佳子（安田佳子）のプロジェクト終了報告書（英文）の記録による。その他、カンボジアにおける立法作業については、竹下守夫「カンボディア民訴法典起草支援と法整備支援の今後の課題」法の支配129号（2003年）、安田佳子「カンボジアにおける法整備と法の支配」法学新報112巻1〜2号（2005年）など。
3　詳細は、本間佳子「カンボジア民事訴訟法と商事特別裁判所」香川孝三ほか編著『法整備支援論』（ミネルヴァ書房、2007年）106頁。
4　坂野一生「カンボジア民法典と土地法」香川孝三ほか編著『法整備支援論』（ミネルヴァ書房、2007年）118頁。
5　法律起草支援後の課題については、本間佳子「法律起草後の課題——カンボジア」法律時報82巻1号（2010年）30頁。

コラム

郵便事情──カンボジア

眞鍋佳奈

　私がカンボジアに赴任した2007年9月当時、カンボジア司法省ではその2カ月前に適用が開始（日本でいうところの施行）された新民事訴訟法の普及活動が熱心に行われていた。司法省次官など起草作業にたずさわった関係者が地方でワークショップを行い、適用開始に際しての問題点の共有や解決策の模索を行っていたが、そのワークショップの進め方に関する協議を行っていた際、事前に参加者にアンケートを送付し、質問事項等を予め聞いておくのはどうかというアイデアが出た。このアイデアは、ワークショップを効率的にすすめる上で非常に良いアイデアと思われたものの、何と、事前にアンケートを送付してそれを返してもらう物理的な方法がないということであえなく却下されてしまった。すなわち、カンボジアでは、郵便制度が機能していないため、郵便でアンケートを送付することはできない。また、各裁判所にファックスで送付する案についても、全ての裁判所にファックス機があるわけではないので駄目ということであった。何でも、新民訴やその解説本についても同様の問題があるため、地方の裁判官等に配布する際には、地方から首都のプノンペンに出張に来た者に託して送り届けてもらったということである。カンボジアの状況は日本とは異なると頭では分かっていても、郵便制度が機能しないということは全く自分の想像の範囲外であったため、非常に驚いたことを記憶している。カンボジアでは、高機能の携帯電話を持つことが良しとされ（iphoneが出回るのも日本よりも早かったくらいである）、地方でもインターネットカフェなどでインターネットが使える状況にはあるものの、旧来のシステムである郵便事情は改善していないのである。

　ワークショップのアンケートであれば、なくとも済むが、カンボジアの新民訴でも、送達は郵便で行うことが規定されているため、郵便制度の不備は、民訴に基づく送達が行えないという大きな問題を生じさせる。この問題については、ようやく最近、別の送達方法の手当が見込まれていると聞くが、当事者の手続保障のために、一日も早い実現を望むものである。

第2章
ベトナムでの立法支援

石那田隆之

1 総論

　日本の国際協力機構(JICA)によるアジア諸国に対する法整備支援の中で、ベトナムについては、1996年から開始し、民法等の市場経済化に必要な実体法の整備から、司法手続制度の整備に発展している。ベトナムにおいては、ドイモイという市場経済原理の導入という社会経済政策の転換と、2007年1月の世界貿易機関(World Trade Organization: WTO)への加盟が、上記法制度の整備にきわめて重要な影響を与えている。当職は、2007年4月より2009年3月までベトナムのハノイに在住し、JICA長期専門家として法整備支援に携わった。日本からは、弁護士である当職以外に、裁判官および検事がJICA長期専門家として派遣されており、ベトナム側のカウンターパートは司法省、最高人民裁判所、最高人民検察院およびベトナム弁護士会連合会(設立前は司法省)であった。立法支援に関する日本国内のJICAの支援体制としては学者および実務家で構成される部会が存し、また、別に日本司法書士会連合会の皆さんのボランティアによるベトナム司法省に対する不動産登記法に関する情報提供があった。

　現在のベトナムにおける法整備支援は、「法制度改革」と「司法制度改革」の大きく2つに分けることができる。司法制度改革については、特定のパイロットエリアにおいて司法制度の実務をリサーチしこれを法制度改革に繋げていくプロジェクトが進行中であるが、「法制度改革」いわゆる立法支援において、当職が主に支援業務に従事した立法は、民事判決執行法、不動産登記法および担保取引登記法であった。民事判決執行法については2008年11月に国会の可決承認を得てその成立をみた。不動産登記法および担保取引登記法に関して、2007年度サーベイに基づき、起草グループによって2008年

度第1次ないし第8次ドラフトが作成され、政府内において、その基本的内容につき意見の一致をみて国会法律委員会に対して同ドラフトを提出したが、政府と国会法律委員会との間で不動産登記法の制定の必要性に関して意見の対立が認められ、同法およびこれに関連する担保取引登記法についても2008年度の国会への提出が見送られることとなった。

2　立法支援の定義およびその目的

　立法支援とは、被支援国の対象法令に相当する日本法の立法趣旨をその沿革を含めて分析し、被支援国の現行法令およびその志向する政策目標と比較検討した上で、普遍的（少なくとも両国にとって共通する）と考えられる価値を導き出し、その価値について共通認識を得ると同時に、当該法令を取り巻く社会的実態をサーベイした上で、被支援国の起草担当者および関連機関と一緒になって、その社会的実態に即した価値の実現方法を検討していく一連の作業であると考える。そして、その目的とするところは、上記一連の作業を通じて起草担当者を含め広く起草関係者が、当該立法によって実現しようとする価値を理解し、起草の際に必要となる利益衡量の仕方を学び、その政策目標と自国の社会的実態に照らして相当な立法ができるようになり、その自立的発展性が促されることであると考える。

3　立法支援の具体的手法

　立法支援の具体的手法について、当職が主に従事した民事判決執行法、不動産登記法および担保取引登記法を例にして以下述べる。基本的にワークショップあるいはフィールドサーベイ等の機会を通じて、日本側として被支援国の現行制度およびその問題点のリサーチを行った上で、当該立法によって被支援国が解決しようとしている課題について共通認識を得て、その解決手法のオプションの検討のための判断資料として日本法および諸外国の法制度に関する情報・分析についてインプットを行い、当該インプットに対するベトナム側からのフィードバックをもとにさらに日本側より情報提供すべき分野および論点を特定していくという作業を繰り返し行うことで、起草関係者によ

る法制度形成能力が次第に高度化していくものと考える。

(1) 民事判決執行法

　民事執行制度に関して日本とベトナムには法制度の違いが認められるが[1]、その実現しようとしている具体的価値そのものは、民事執行手段の①確実性、②迅速性および③経済性の確保と、④債務者その他の関係人の正当な利益の保障、⑤債務者の最低限度の生活保障との調整であると考えられ、両国の法制度の違いは利益衡量の結果にすぎないと分析しうる。

　したがって、起草担当者および関連機関が参加するワークショップにおいて、当該立法によって両国が目指そうとしている価値、その価値の利益衡量の仕方に応じて諸外国の法制度に違いが認められること、その中で日本法とベトナム法がどのように位置づけられるかおよびベトナムが新たな立法によって実現しようとしている政策目標やその方向性等を確認する作業がまず必要であった。さらには実務上の問題点についても執行官を対象としたワークショップ等を通じて把握・分析し、起草しようとしている法律が当該問題点をどのように克服しようとしているかについてベトナムの現行制度と比較しながら検討し、執行制度全体の中から日本として情報提供すべき分野および論点を特定していきそのインプットを行うという作業が必要であった[2]。

　特に今回成立した民事判決執行法は、起草担当部局の変更後、僅か1年足らずで起草され可決承認なされたものであるが、そのような短期間に何度も変更されるドラフトに対してワークショップでコメントを行うためには、上記のような特定作業は不可欠であった。

(2) 不動産登記法

　市場経済の発展にとって、担保制度の発展および取引の安全の確保のため登記制度の整備は重要であり、日本も明治以来、その近代化を図るべく西欧諸国にならって不動産登記制度を整備し、登記簿制度を採用した上で、登記内容と実体的権利関係の一致による登記制度に対する国民の信頼の確保の要請と迅速かつ簡易な登記手続による国民の利便性確保の要請との調和を図るべく、ドイツ等の登記制度を参考にしながらもその独自の政策判断のもと独特な登記制度を構築してきた。これに対し、ベトナムにおいては、土

地の国家所有という日本とは異なる特殊事情を有し、登記概念および地券制度に類似した土地使用権証明書制度との関係につき混乱が認められ、また、不動産に関連して多数の関連法規や各機関の権限が複雑に絡んでいるため迅速かつ簡易な登記手続を阻害しているという問題点があった。

　立法支援としては、2007年、現行システムの問題点の把握およびその解決策の検討のため、起草担当の司法省のみならず関連機関の天然資源環境省および建設省等のメンバーから構成されるチームに長期専門家も同行して、ベトナム北部・中部・南部の関連機関に対するフィールドサーベイを実施した。このフィールドサーベイ手法は、机上で論じられがちな法制度の問題点を長期専門家が現場で感じることができ、情報収集の観点からも極めて貴重な機会であった。

　上記フィールドサーベイによって収集した情報を踏まえ、ドラフト作成前に、司法省およびその関連機関においてドラフトの方向性を検討するためのワークショップが開催されたことから、長期専門家としてインプットを試みた[3]。このドラフト作成前のリサーチおよび方向性に関する共通認識を得ることは、その後の起草内容につき相互理解を得るためには極めて重要である。その後も日本側と協力の上、ワークショップが開催され、ベトナム起草グループが作成した2008年ドラフトの内容[4]は、登記の機能についてこれまでのように国家管理のための手段とだけ捉えるのではなく、取引の安全を確保し不動産の流通性を促進するため不動産上の権利を公示する制度であると捉え直すことにつながるものであり、また、手続的にも公証制度と証明書制度を組み合わせることにより登記内容と実体的権利関係の一致による登記制度に対する国民の信頼の確保を図りながらも、土地使用権および土地定着物所有権証明書の発行権限および登記権限を統一的な登記機関に委ね、迅速かつ簡易な登記手続による国民の利便性確保の要請と調和できるような登記制度を目指すものであった。

　しかしながら、起草グループと国会法律委員会との間で意見の対立が認められ国会へ提出することはできなかった。この点はカウンターパートを司法省だけとする現行立法支援の枠組みの限界であるとも考えられ、国会法律委員会に対する直接インプットを可能としながら価値の押しつけとならないような立法支援の手法も検討すべきと思われた。

(3) 担保取引登記法

　担保取引登記法2008年第8次ドラフトおよびその争点の紹介ならびに担保取引に関連する地方の関係機関からの意見聴取のためのワークショップを開催し、長期専門家として日本の法制度の紹介、動産担保登記システムの構築にとって必要な利益衡量の仕方、ドラフトに関する意見についてインプットを試みた。

　ただし、ベトナムにおいては下位の法規範文書に基づき非占有型の動産担保登記システムが現実に運用されている状態にある[5]。これに対して、日本は、非占有型の動産担保制度の構築については慎重であり、統一的な実体法を整備するに至っておらず、譲渡担保に公示方法を提供する動産および債権の譲渡に関する登記システムが比較的包括的ともいえる登記システムであるがその歴史も古いものとはいえない。

　しかしながら、担保取引登記システムの構築において、実体法において担保権者・担保権設定者・第三者（第三債務者、財産取得者、担保権設定者に対して他に債務名義を有する債権者）のそれぞれの利益を調整し、公示制度として取引の安全およびその円滑化を図るためにその信頼性を確保しながら、与信獲得のための取引コストを削減できるよう簡易かつ迅速な登記手続を目指すべきことは、各国において異なることはないものと考えられ、そのような場合に衡量すべき利益、論点を設定した上で法制度のオプションに関するインプットについてはベトナムが今後自国に適した法制度を構築していくために必要であると思われた。

4　今後の立法支援のあり方について

　立法支援は一方的な価値の押しつけであってはならないと考えるが、日本の政府開発援助（ODA）の一環としてその支援を行う以上、法の支配および表現の自由の確保といった正当性の観点は必要な前提条件であると考えられ、また、ODA予算は限られたものである以上、被支援国の経済発展を促すために必要な立法を優先的に選択してその支援を集中させるべきと考える。さらに、被支援国の法制度に関する情報がJICAにおいて集中的に管理され、

当該情報の分析が可能な程度に整理されていることが、立法支援の内容を高度化するためには不可欠であると考える。

1　執行対象およびその順序を債権者の自由な選択に任せ、その選択に従い異なる執行機関が執行するという日本の民事執行制度に対し、ベトナムは司法省管轄の一元的な執行機関に民事判決執行を委ね、判決債権者または判決債務者による執行申立により執行手続が開始するものの、その執行の対象・順序についても、当該執行機関に所属する執行官に裁量的に決定させ、また、差押禁止財産を法定するだけでなく、居住家屋のような判決債務者の生活に与える影響の強い財産の執行を最終におくことを法定する。

2　石那田隆之「判決執行法起草支援及び執行官能力向上支援」（JICA提出報告書、2009年4月5日）において、情報提供すべき分野を絞り込み論点を設定した上で、新民事判決執行法制定前の制度および新法の制度との比較検討しているため参照されたい。

3　インプットの内容は、石那田隆之「不動産登記法起草支援」（JICA提出報告書、2009年4月5日）において詳述しているが、登記システムの必要性を抵当制度の発展ならびに権利関係の確定および取引の安全の見地から簡単に説明し、証明書・登記簿・データベースはそれぞれ登記情報の保管方法の1つと捉えられることを前提に日本における地券（証明書）制度から登記簿制度に移行した理由、登記システムを検討するに際し、まずは、登記概念をその法的効力の内容、法的行為、法的効果の発生時期を明確にした上で確定する必要があること、登記の機能として公証および公示のうちどちらをどの程度重視するかのバランスが登記システムの構造（登記の効力や手続）に関する政策選択に影響を与えること、合理的な登記システムを検討するに際し、登記と実体的権利関係の一致の要請と手続の迅速性の要請の利益衡量が登記の実体的効力や登記手続（登記原因証書、特に公証との関係、登記によって不利益を受ける者の意思確認、公証人と登記官の審査の対象・方法、登記官の権限と決裁プロセス、登記管轄機関）に影響を与えることおよび日本を含めた諸外国の政策選択結果、情報検索の容易性という要請が登記簿の編纂方法およびデータベース化という政策選択に影響を与えること、手続の透明性確保のため処分の理由付記や登記官の責任および権限の範囲の明確化が要請されること、公示による取引の円滑および安全と個人のプライバシー権保護の利益衡量が、申請者および開示すべき情報の範囲に影響を与えること、登記の対象である土地と建物の関係、権利登記と表示登記の違い、登記システムの一側面である情報管理システムの合理化のプロセスは各国共通するものであることおよび合理化に必要なプロセスの具体的内容、登記の管轄機関に関してベトナムが管轄を分化するに至った政策選択の理由をまず確認し、その政策目標を実現するために他により良い手段がないか、また経済の発展に伴いより優先すべき利益がないかといったことを検討すべきと思われること、登記に関連する法体系の一例として日本における不動産に関する実体法と手続法の分離型や特許法における統一型を説明した。さらに、ベトナムが登記システムによってどのような価値を実現したいかを検討することが、ベトナムの実情とその政策目標に適した固有の登記システムを構築することになる旨提案した。

4　2008年ドラフトの内容については、石那田・前掲注3報告書において詳述しているが、登記機関の統一が必要であるとして、そのために、まず、各専門機関の行政決定および不動産の現況管理に関する政策目的（割当・リース・承認といった行政決定、地籍の国家管理、国家による建造物の安全性の確保）を明確にしながら、登記概念を整理（登記行為と行政決定および現

況管理の分離、登記行為と登記の法的効力の関係を分けて整理)して、登記を取り扱う機関の統一化を図り、また、その場合の当該登記機関と各専門機関(土地管理機関、建物管理機関)との連携を図ろうとした。さらに、これまで権利の公証および公示について個人が保管する土地使用権証明書等に依存していたシステムを改め、統一的な登記簿(データベース)制度を新たに採用することで、不動産が存するエリア毎に管轄を有する登記機関が保管する当該登記簿に不動産情報を集約し、これを全面的に公開するものとした。そのため登記簿と証明書との関係を整理し、証明書は登記簿の内容を反映したものにすぎないとする。

5 　動産担保登記に関するベトナム現行システムは、石那田隆之「担保取引登記法起草支援」(JICA提出報告書、2009年4月5日)において詳述しているが、「権利登記システム」が採用されていると考えられる土地使用権等の不動産、海航船舶、飛行機の抵当権(質権)に対し、その他の財産(有体財産だけでなく無形財産、証券および知的所有権等を含む)については、司法省管轄の担保取引登記事務所が一律に取り扱い、担保取引の客体の表示についても特定性の要件が緩和され、一般的な表示で足りるものとされており、また将来形成財産(権利登記の対象となっているものも含まれる)に対する担保取引登記も認められていることから、第三者が新たに取引に入る場合、登記以外に担保取引の具体的内容および客体につき取引当事者に確認等の調査をさせることを前提とし、その機能はそのような調査を促す警告的なものにとどめる所謂「Notice(警告)Filingシステム」に類似の制度が採用されていると評価しうる。

第3章
中国での立法支援

住田尚之

1 はじめに

　筆者は、国際協力機構（JICA）による政府開発援助の一環として実施された中国民事訴訟法・仲裁法改善プロジェクト（以下「本プロジェクト」という）の長期専門家として2008年4月から2010年10月の期間北京に赴任した。本稿では本プロジェクトを振り返りつつ、中国における立法支援の現場について紹介したい。

2 本プロジェクトの概要

　本プロジェクトは、2006年6月に中国の全国人民代表大会常務委員会法制工作委員会（以下、全国人民代表大会を「全人代」、同常務委員会を「常務委員会」、法制工作委員会を「法工委」という）から日本に対して民事訴訟法と仲裁法の立法に関する支援の要望がなされたことを契機とする。2007年6月には日本から事前調査団[1]が派遣され、法工委その他の関係機関と協議を行い、2007年11月から本プロジェクトが開始されることとなった。
　日本側は、日本国内に民事訴訟法学者を中心に構成される国内支援委員会を置き[2]、その委員が現地セミナー（中国において行うセミナー。以下同じ）の講師や、本邦研修（日本において行う研修。以下同じ）の講師となり、法務省法務総合研究所国際協力部および財団法人国際民商事法センターが本邦研修をはじめとする日本国内における活動の実質的なアレンジを行う一方、中国では長期専門家（筆者）が法工委の中で民事関係の基本法の起草を担当する部門である民法室（以下「民法室」という）と直接折衝を行うという体制がとられた。

3 本プロジェクトが対象とする法律とその主な活動

(1) 総論

本プロジェクトは、当初はその名称のとおり、民事訴訟法と仲裁法を支援対象とするものであった。これらの法律が支援対象とされたのは、これらの法律がいずれも第10期全人代常務委員会の立法計画（2004年～2008年。以下「第10期計画」という）において、「第一類」（同期間内に審議すべき法律案）に分類されており、本プロジェクトの要請がなされ、日本から事前調査団が派遣された2006年～2007年前半の時点ではこれらの法律が中国で喫緊の立法課題であるとされていたためである。

ところが、2007年10月に民事訴訟法の一部改正が終了すると、民法室はそのまま民事訴訟法の全面改正に着手するのではなく、不法行為法（2009年12月26日に「中華人民共和国権利侵害責任法」として成立した。以下「権利侵害責任法」という）の立法作業に集中することとなった。2008年11月には民法室から日本側に権利侵害責任法を本プロジェクトの支援対象とすることの要請があり、2009年5月にプロジェクトの内容を変更して同法が正式に本プロジェクトの支援対象に組み込まれた。

また、2009年12月の権利侵害責任法成立後、民法室は国際私法（2010年10月28日に「中華人民共和国渉外民事関係法律適用法」として成立した。以下「渉外民事関係法律適用法」という）の立法を開始し、これについても民法室から日本側に支援の要望があったことから、同法に関する立法支援も開始された[3]。

以下、各法律の立法経緯および筆者の赴任中の本プロジェクトにおける支援の状況について触れたい[4]。

(2) 民事訴訟法

ア 立法経緯

中国の現行の民事訴訟法（「中華人民共和国民事訴訟法」。以下「民事訴訟法」という）は1991年4月9日に公布、施行されたものである。

すでに述べたとおり、第10期計画において民事訴訟法の改正は第一類に分類され、続く第11期全人代常務委員会の立法計画（2009年～2013年。以下

「第11期計画」という）でも同じく第一類に分類されている。

　民事訴訟法は、本プロジェクト開始の直前である2007年10月28日に執行手続、再審手続に関する一部改正がなされており、本プロジェクトでは、それに続いて予定される全面改正に対して支援を行うこととされた。しかし、前述のとおり、2008年、2009年は民法室が権利侵害責任法の立法に集中することとなったため、民事訴訟法に関する作業はほぼ中断に近い状況となった。

　民事訴訟法の改正作業は、権利侵害責任法が成立した後にようやく再開され、2011年10月、2012年4月および2012年8月の常務委員会における3回の審議を経て、2012年8月31日に成立した。改正民事訴訟法は2013年1月1日に施行される。

イ　支援活動の概要

　民事訴訟法については2回の現地セミナーと5回の本邦研修が実施された。

　各回で取り扱った内容は次のとおりである。

［現地セミナー］
　　第1回　2008年3月　　上告、再審、証拠制度、簡易手続等
　　第2回　2009年5月　　訴訟参加、上訴、判決効、送達等

［本邦研修］
　　第1回　2007年11月　日本の民事訴訟法概論、日中民事訴訟法の比較等
　　第2回　2008年5月　　執行、保全等[5]
　　第3回　2008年11月　管轄、弁論準備手続、調停、上訴、再審、挙証責任等
　　第4回　2009年11月　人事訴訟、家事審判、当事者主義、手続保障、証明妨害等[6]
　　第5回　2010年10月　消費者集団訴訟、少額訴訟、争点証拠整理手続等

(3) 仲裁法

ア　立法経緯

　中国の現行の仲裁法（「中華人民共和国仲裁法」。以下「仲裁法」という）は、

1994年8月31日に成立し、1995年9月1日に施行されている。仲裁法の改正は、第10期計画では第一類に分類され、立法の優先度は高いとされていたが、第11期計画では突如立法計画から姿を消し、優先度が大きく後退することとなった。その後、現在に至るまで、仲裁法改正について特に動きはない[7]。

イ 支援活動の概要

　仲裁法については、上記第2回の本邦研修（2008年5月）で取り上げられ、日本の仲裁法改正における議論の紹介や、日本の仲裁法においてUNCITRALモデル仲裁法がどのように参考とされているかといった紹介が行われた。

(4) 権利侵害責任法

ア 立法経緯

　中国では、20世紀末ころから民法典制定に向けた準備を始めており、2002年12月には「中華人民共和国民法（草案）」（以下「2002年草案」という）が常務委員会において審議された。権利侵害責任法や後述の渉外民事関係法律適用法もその中で独立の編として含まれていた。

　その後、分量が膨大な民法を一度に作るのではなく、未制定の分野について個別に立法していくという方法が採用され、2007年には物権法（「中華人民共和国物権法」）[8]が制定された。権利侵害責任法の立法はこれに続くものである。

　中国の不法行為分野の規定は、これまで民法通則（「中華人民共和国民法通則」。以下「民法通則」という）[9]やこれに関する最高人民法院の司法解釈、その他多くの特別法の中の損害賠償規定に分散している状況であったが、権利侵害責任法の制定によりこれらが一つにまとめられることとなった[10]。

　権利侵害責任法は、第10期計画および第11期計画において第一類に分類され、物権法制定後の民法室にとって最も優先順位の高い法律となり、常務委員会における3回の草案審議を経て2009年12月26日に成立し、2010年7月1日に施行された。

イ 支援活動の概要

　権利侵害責任法については、現地セミナー（2009年7月）と本邦研修（2009

年11月)[11]をそれぞれ1回行った。内容はいずれの回も不法行為法の全般にわたったが、特に民法室が興味を示したのは、共同不法行為、無過失責任、過失の立証責任の転換といった分野であり、これらの点について特に重点的に解説が行われた。

　また、同法については、日本側から草案に対する意見提出も行った(後述4(3)参照)。常務委員会による権利侵害責任法の草案審議はいずれも本プロジェクトの期間中に行われたが、中国では基本的に法律草案は一般に公開されるまで外部の者は目にすることができず、本プロジェクトにおいて何度も草案の開示を中国側に求めたものの、結局、中国側が非公開段階の草案を長期専門家に開示することはなかった。そのような中、日本側は草案が公開されるまでは中国側の説明や質問内容から彼らの問題意識を探っていくことしかできず、草案が出た後でようやくそれに対して意見を述べることができるという状況であった。

(5)　渉外民事関係法律適用法
ア　立法経緯

　渉外民事関係法律適用法も権利侵害責任法と同様、2002年草案の一編をなしていたものであり(即ち中国において国際私法は民法に属するものとして分類されている)、第10期計画、第11期計画のいずれにおいても第一類に分類されていた。

　渉外民事関係法律適用法については権利侵害責任法成立以前から民法室において研究が進められていたが、同法成立後の2010年1月以降起草作業が本格化し、2回の常務委員会における草案審議を経て2010年10月28日に成立し、2011年4月1日に施行された。

イ　支援活動の概要

　渉外民事関係法律適用法については、現地セミナー(2010年3月)と本邦研修(2010年7月)がそれぞれ1回行われた。

　日本でも2006年に国際私法の規定を含む「法の適用に関する通則法」が制定されたばかりであり、同法の制定に関与した学者による講義や意見交換がなされた。

　また、同法についても、2010年8月に第2次草案が公開された段階で、日

本側から意見を提出した（後述4(3)参照）。

4　長期専門家の活動

(1)　当初の雰囲気

　2007年6月に本プロジェクト事前調査団が法工委と協議を行った際、長期専門家の活動について、日中双方でかなり大きな意見の相違があった。

　日本側は、本プロジェクトにおいて長期専門家の派遣は必須であり、勤務場所も民法室の内部に設置し、本プロジェクト対象となる法律に関する中国側の協議（たとえば民法室が学者らと開催する座談会など）には長期専門家も出席するか、少なくとも情報共有できるようにすることを求めたが、中国側は、長期専門家の派遣を「反対はしない」という立場をとりつつも、長期専門家の勤務場所の提供はできず（民法室のオフィスは人民解放軍の管理区域内にあり外国人が常駐することは認められないとの説明）、中国側で開催する座談会等にも外国人が参加することは認められないとの立場を崩さなかった。さらには、長期専門家が裁判所や学者など民法室以外の者から情報収集することも望ましくないとされた。

　最終的には、日本側調査団による交渉の結果、民法室が他機関と行った意見交換については長期専門家にもフィードバックすること、長期専門家が個人的に学者等と交流することは問題ないことまでは認められたものの、長期専門家に対する中国側の警戒的な態度が伺われた。

　このように、筆者が長期専門家として赴任した2008年4月の時点では中国側の警戒的な雰囲気を意識せざるを得ない状況であったが、その後、後述のように本邦研修、現地セミナー、勉強会といった活動を通じて徐々に信頼関係が醸成され、プロジェクトの後半からは中国側の警戒的な雰囲気は大きく改善された。

(2)　本邦研修、現地セミナー

　本邦研修、現地セミナーでは、講師（主に本プロジェクト国内支援委員会の委員）による講義やディスカッションが中心となる。講義やディスカッションは事前に民法室から提出された質問事項をめぐって行われるが、プロジェクトの

途中から、本番での議論の焦点を絞るためにまずは長期専門家が中国側からの質問に対して書面ベースで回答を作成して中国側に事前に提供し、本番では書面回答ではなお解決しない問題に議論を絞ることとした。

また、テーマに関する制度が日中で大きく異なり、本番での議論を効率的に行うために事前に中国側に日本の制度の基本的な知識をインプットすることが必要と考えられる場合には、長期専門家において事前に民法室に赴き、制度の概要について簡単なインプットを行なった。

本邦研修、現地セミナーの当日は、長期専門家が中国語で板書したり、宿舎に戻った後で中国側から出てくる質問についてはその晩に長期専門家が日本語に訳して講師にメールで送信し、翌日には講師が回答できるようにするなどした。

本邦研修、現地セミナーの期間中は、長期専門家は中国側メンバーとほぼ毎日顔を合わせ、特に本邦研修では約2週間にわたり食事を含めて常に中国側と行動を共にすることとなるため、中国側との信頼関係を高めていく上では非常に役に立った。

(3) **法律草案に対する意見の提出**

本プロジェクト開始当初では、中国側の警戒的な雰囲気もあり、法律草案も公開されていなかったため、日本側としても法律草案に対して意見を提出することができず、活動の中心は日本における法制度の状況について説明することに限られていた。

ところが、2009年には中国側との相当の信頼関係が構築され、中国側から権利侵害責任法の草案についての意見を提出することが日本側に求められるようになったため、国内支援委員会、長期専門家からそれぞれ草案に対する意見を提出した。

同様に、2010年には渉外民事関係法律適用法の草案についても日本側の意見が求められ、長期専門家から草案に対する意見を提出した。

(4) **情報の収集**

中国の法制度は変化の過渡期にあり、支援対象の法律に関する環境は目まぐるしく変化を続けている。法整備は法律をめぐる社会環境と無関係では

いられないため、関係者が中国の社会そのものに対して理解を有していることが必要となる。また、最高人民法院の司法解釈[12]やその他の指導的文書は、中国における訴訟実務の重要な指針であるほか、新法の内容に影響を与えることも多いため非常に重要である。そこで、日常的に支援対象の法律に関する報道や最高人民法院の司法解釈等をチェックし、必要に応じてこれを翻訳して日本側関係者と共有することに努めた。

(5) 大学との連携

中国には、日本に留学経験のある学者も多く、本プロジェクトを通じて大変お世話になった。特に、京都大学に留学経験のある清華大学の王亜新教授は日中両国の民事訴訟法に造詣の深い学者であり、多大なご協力をいただいた。

本プロジェクトの枠外での活動ではあるが、2009年9月には、清華大学の主催により日中民事訴訟法の制度と理論の比較をテーマとする国際シンポジウムを開催することができた。このシンポジウムでは、日中の民事訴訟法の学者[13]による民事訴訟制度等に関する研究報告がなされ、両国の専門家の見地からの活発な議論が行われた。このシンポジウムの成果は本プロジェクトの日中の関係者間でも共有され、相互の制度理解に大きな役割を果たしたと思われる。

プロジェクトの後半からは、清華大学の協力の下、民法室や最高人民法院の参加者を招いての不定期の勉強会[14]も開かれるようになり、専門家、実務家の間の活発な交流や意見交換が可能となった。

(6) 言葉の壁の問題

言葉の壁の問題は、どの国の立法支援においても共通の悩みであろう。

中国の立法支援の現場で使用する言語はすべて中国語である。現地セミナーや本邦研修のように日本人の講師が参加する場合、日本語と中国語の通訳を挟むことになる（英語は宴会で日本人の講師と中国側が直接話す場合などを除きほぼ使用されない）。

書面の翻訳は、まずは翻訳会社に下訳を依頼することが多いが、翻訳会社は必ずしも法律用語や法律文書に精通していないため、完璧な翻訳はあまり

期待できない。したがって、時間の許す限り、長期専門家が翻訳の正確性をチェックすることが必要となる。法律草案のように重要な文書については長期専門家が自ら翻訳を行うことが多い。

さらに悩ましいのが口頭の通訳である。通訳は、現地セミナー、本邦研修のいずれにおいても外部の通訳を依頼するが、現場での口頭の通訳は当然ながら書面の翻訳以上に難しいため、文字に起こしてみるとやはり大きな誤りが見つかることも少なくない。そのような経験から、本プロジェクトの後半においては、現地セミナーや本邦研修が終了した後で中国語の議事録を作成し、内容を確認の上、民法室に送付するようにした。

また、中国はなまじ漢字を使う国であるため、似て非なる概念をめぐって誤解が生じることがある。例えば、中国語の「調解」は一般に「調停」と訳されるが、これを訴訟の場面で使う場合、それは訴訟上の和解に近い概念である。中国側は訴訟上の和解について聞きたいときにもこの「調解」という言葉を使うが、これに対して日本の民事調停の話をしても議論が噛み合わないわけである。

このように、中国の立法支援においても言葉の壁にまつわる悩みは尽きないところであるが、これを調整するのも長期専門家の役割である。

5　最後に

中国に対する立法支援事業はまだ始まってから日が浅いが、その源泉には日中の法律家の長年にわたる交流があったということも指摘しておきたい。現在の法工委の副主任である李飛氏および同じく法工委の副主任である王勝明氏は過去に日本に滞在経験がある知日派であり、特に本プロジェクトの開始は王勝明氏の力によるところが大きかったと聞いている。本プロジェクトは、日本の法律家がこれら現在の中国政府高官と20年以上にわたって交流を続けてきたこと[15]の一つの結晶である。

中国はすでに日本にとって最大の貿易相手国であり、中国国内で活動する日本人や日本企業が増加する中、中国において法律という社会インフラが整備されることは、日本人や日本企業が中国で活動していく上で非常に重要である。日本人や日本企業が中国国内で紛争の当事者となる場面もますます増

加しており、中国の法制度のあり方はすでに日本にとっても他人事ではない。その意味では、中国に対する立法支援は、ODAの枠組みで行いつつも、単なる利他的な支援を超えた意義があることも否定できない。

　2010年の尖閣問題以降、それまで比較的安定していた日中関係が急速に不安定なものとなり、GDPで中国が日本を抜いて世界第2位となったことから日本が中国に対してODAで支援をすること自体について疑問の声が投げかけられている昨今であるが、法制度という社会インフラの整備を通じて公平で民主的な社会の実現を目指す立法支援事業は両国の100年先の友好を見据えて行うべきものである。一衣帯水の隣国である日中両国の長期的友好のためにも引き続き交流が絶えることのないよう祈りたい。

1　事前調査団のメンバーは以下のとおりである（敬称略。肩書きはいずれも当時のもの）。熊谷晃子（JICA社会開発部第一グループガバナンスチーム長）、田中嘉寿子（法務省法務総合研究所国際協力部教官）、北村治樹（法務省民事局局付）、吉澤敏行（日本弁護士連合会、弁護士）、佐藤直史（JICA国際協力専門員、弁護士）、小島ది（JICA中国事務所）。

2　後述の権利侵害責任法が本プロジェクトに組み込まれた際には民法学者を中心とする部会も構成された。

3　渉外民事関係法律適用法に関する協力は、厳密には本プロジェクトの枠外で行ったものであるが、民法室をカウンターパートとし、筆者も相当程度関与したため本稿で言及する。

4　本稿においては、紙幅の制約もあり、法律の内容については触れる余裕がない。本稿で紹介する法律のうち、権利侵害責任法の詳しい内容については住田尚之「中華人民共和国権利侵害責任法（不法行為法の解説）」NBL926号（2010年）72頁、同「中国における新しい不法行為法の制定」ジュリスト1406号（2010年）45頁を、渉外民事関係法律適用法については住田尚之「中国における国際私法に関する新法（「渉外民事関係法律適用法」）の制定」NBL947号（2011年）32頁を参照いただければ幸いである。また、法務省法務総合研究所のウェブサイトからはこれらの法律の邦訳（筆者による翻訳）を閲覧することができる。権利侵害責任法<www.moj.go.jp/content/000050475.pdf>、渉外民事関係法律適用法<www.moj.go.jp/content/000068830.pdf>。

5　このほか、日程の半分を使って仲裁法も取り扱っている。

6　このほか、日程の半分を使って権利侵害責任法（不法行為法）も取り扱っている。

7　ただし、2009年8月27日に2007年の民事訴訟法改正に伴う参照条文番号の変更に関する若干の修正がなされている

8　2007年3月16日成立、2007年10月1日施行。

9　1986年4月12日成立、1987年1月1日施行、2009年8月27日改正。

10　ただし、民法通則その他の法規における不法行為に関係する規定は、権利侵害責任法の施行後も、同法により変更された部分を除いては依然として有効である。

11　これは、前記の民事訴訟法の第4回目の本邦研修と同じ機会に行ったものであり、前半の日

程で民事訴訟法、後半の日程で権利侵害責任法の内容を扱った。
12 最高人民法院の司法解釈とは、人民法院が審判業務において法律を具体的に適用する際に問題となる点について最高人民法院が行う法律解釈をいい、法的拘束力を有する。
13 日本側の参加者は次のとおりである（敬称略。肩書きはいずれも当時のもの）。竹下守夫（駿河台大学総長）、谷口安平（京都大学名誉教授）、上原敏夫（一橋大学教授）、池田辰夫（大阪大学教授）、三木浩一（慶応義塾大学教授）、山本和彦（一橋大学教授）、松下淳一（東京大学教授）、垣内秀介（東京大学准教授）、金春（大東文化大学講師）。なお、このうち竹下教授、谷口教授を除き、いずれも本プロジェクトの国内支援委員会（民事訴訟法部会）の委員である。
14 勉強会のテーマとしては日本の民事執行制度や要件事実論などが取り上げられた。
15 王勝明氏は日中法律家交流協会と長年の交流があり、2010年8月3日に同協会の会員が北京にて法工委を訪問した際、人民大会堂でのレセプションにおいて王勝明氏自身により同協会との交流について紹介がなされた。

第4章 カンボジアでの弁護士養成支援①
弁護士養成校設立まで

上柳敏郎

1 はじめに

　私は、1993年2月以来数十回カンボジアを訪問し、国連カンボジア暫定統治機構 (United Nations Transitional Authority in Cambodia: UNTAC) 期のディフェンダー活動、1995年弁護士法・弁護士会創設、1995年から97年の弁護士養成課程 (仏米の支援による。Lawyers Training Center: LTC 1 〜 3期) に日米の非政府組織 (NGO) を通じて若干の関与をし、あわせて1996年から、日本 (国際協力機構：JICA) のカンボジア法律家研修や法律起草支援活動に日弁連国際交流委員会委員として関わり、さらに、1999年には新たに設置された日弁連国際室嘱託弁護士となり、2001年からの小規模パートナーシップ事業 (JICA事業、日弁連とカンボジア弁護士会)、2002年からの弁護士司法支援プロジェクト (同) に参加した。本稿は、これらの経験に基づき、弁護士司法支援プロジェクトによる弁護士養成校設立までの過程について、若干の経過を記すものである (網羅的な記述になっていないことについて、関係者の方々にご容赦をお願いするものである)。

2 90年代の弁護士養成と日本弁護士の関与

(1) カンボジア弁護士の状況と弁護士養成課程 (LTC 1 〜 3 期)

　カンボジアでは、1976年から79年にかけてのクメール・ルージュ (ポル・ポト) 政権時代に多くの法律家が殺害されたり国外脱出を余儀なくされた。1979年からのヘン・サムリン政権時代にも法曹養成はほとんど行われなかった。このような経過で、1992年にUNTACが設置された時点では、国内にいる法曹教育を受けた者は10名にも満たないといわれる状態であった。

UNTAC期には、UNTAC下で活動を認められたNGOがディフェンダー活動を開始した。ディフェンダーは、弁護士資格を持つわけではないが弁護人として活動するもので、ヘン・サムリン政権下の訴訟制度に存在し、訴訟当事者の家族や所属村落の住民等が就任を認められていたものである。刑事裁判に関与するのであるが、付帯私訴制度があるため被害者側を含め民事的職務もする。これらカンボジアNGOは、欧米の官民の援助を受けた。人権NGOとして、ADHOC（Cambodian Human Rights and Development Association）やLICADOH（League for the Promotion and Defense of Human Rights）が著名であり、ディフェンダー活動に特化したものとして、CADEAS（Cambodia Defenders Association。しばらくして消滅）、CDP（Cambodian Defenders Project。1994年設立）、LAC（Legal Aid of Cambodia。1995年設立）が設立された。

　1995年に、弁護士法が制定され、カンボジア弁護士会（Bar Association of Kingdom of Cambodia）が設立された。当初の弁護士会会員は38名で、クメール・ルージュ政権時代以前に法学教育を受けた者、外国で法学教育を受けた者等が弁護士としての資格を認められた。

　そして、1995年から97年まで3期にわたり、弁護士養成課程が設置された[1]。弁護士会（弁護士評議会）が監督するのであるが、資金は殆どフランスや米国からの援助金であり、運営も事実上欧米によっていた。前述のディフェンダーたちの多くが、この弁護士養成課程を経て弁護士資格を取得した。このほか、外国で法曹資格を取得した者や、政府関係職務経験があって相当と認められた者等に対しアドホックに資格が与えられ、1998年には弁護士数は203名になった。

　しかし、1997年の政変により米国政府がカンボジアへの援助を打ち切ったことから、弁護士養成に対する援助金がないこと等を理由として、弁護士養成課程は設けられなくなった。ただし、アドホックな資格認定があるため、2001年の弁護士数は、220名となった。

(2) 日本弁護士の関与

　クメール・ルージュ政権時代やヘン・サムリン時代は、カンボジアからの難民の支援や難民認定に関与する日本の弁護士がいたが、少数にとどまってい

たと思われる。日本国際ボランティアセンター（JVC）など日本の一部のNGOはカンボジアへの関与をしていたが、日本の弁護士の関心は低かったといわざるをえない。内戦中から上智大学石澤良昭教授らがアンコールワット遺跡の修復と調査に関与していたが、酒井幸弁護士（25期）が1991年からアンコール遺跡救済委員会委員に就任し、現地訪問多数回を含め大きな貢献をした。

パリ和平協定締結には日本の外交官も活躍し、1992年にUNTAC事務総長特別代表に明石康氏が就任した。佐藤安信弁護士（36期）が、国連難民高等弁務官（UNHCR）事務所（オーストラリア事務所）法務官からUNTAC人権担当官（カンボジア）に就任し、困難な状況のもとで現地人権状況改善のために貢献するとともに、現地と日本のNGOや弁護士との橋渡し役を果たした。

1993年2月、弁護士有志が、明石代表やUNTAC人権部門、日本大使館、JVC、ADHOC等の訪問調査等を、佐藤弁護士および現地日本大使館の協力を受けて実施した[2]。私もこれに参加し、佐藤弁護士に再会するとともに、老若男女を問わない多数の欧米の法律家がUNTAC人権部門や人権NGOで活躍している姿に、目を見開かれる思いをした。

1994年8月には、自由人権協会メンバーが、カンボジアの刑務所における人権状況の調査を行った[3]。自由人権協会は、1995年カンボジア弁護士招聘研修第1回（国連地域開発センター主催。資金元は日本政府）の際、2人の研修生を約1カ月受け入れた（藤本美枝弁護士、古屋恵美子〔現米国弁護士〕氏ら担当）。

私は、これら調査団やアジア人権委員会（本部香港の人権NGO）調査団の訪問調査を通じ、CDPの米国人アドバイザーであったフランシス・ジェームズ弁護士などディフェンダー活動をしていた人々と知己を得、LACの設立に同弁護士が関与する際に、LACの理事会メンバーとなり、2～3年の間LACの運営に関与し、弁護士会設立や弁護士養成課程運営を間近に見る機会を得た[4]。

日弁連国際交流委員会は、1995年現地調査をし、外務省、JICAと調整のうえ、カンボジア弁護士を日本に短期間招聘する研修プログラムを推進した。法務省とも調整がなり、重要政策中枢支援事業として、毎年数名のカンボジア法曹を日本に招聘することとなった[5]。

LACの1996年7月の活動報告書には、日弁連はじめ日本の全国および各地域の弁護士グループの支援を歓迎するとの記載がみられる。日本の弁護士は、時期や人数では欧米にやや遅れる形とはなったものの、しだいに関係者の信頼を得ることに成功したといえよう。

　日弁連は、毎年の本邦研修に積極的に関わり、東京だけでなく、京都、福岡、広島、名古屋などにも移動して研修を実施し、カンボジア法曹界の主要人物と日本との絆を強めた。これらの活動は、カンボジアの民法・民訴法起草や弁護士養成校開設に日本が強く関わるにあたっての基盤を形成する一端を担ったと思われる。例えば、JICA Newsletter 6巻2号（1996年6月、英文）は、重要政策中枢支援事業第1回本邦研修の経過を紹介している。同記事に添えられた弁護士会館15階日弁連ロビーで撮影した写真には、アンボン・ワッタナ氏（当時弁護士、現司法大臣）、ユイ・ゴック氏（後にプノンペン法科大学長）、イ・ダン氏（後に司法省次官）らが写っている。

3　弁護士養成校へ

　カンボジア弁護士会は、2001年8月、カンボジア司法省より弁護士養成校の設立を認めるサブディクリー（省令）を取得し、ドナーへの要請を始めた。

　日弁連は、JICA、カンボジア弁護士会（アン・エン・トン氏。当時カンボジア弁護士会長）や、日本外務省（篠原勝弘氏ら。篠原氏は後の駐カンボジア大使）と密接に連絡・調整をしつつ、2001年度JICA小規模パートナーシップ事業を受託した。同年度には、法律扶助協会と共同して、2回の現地調査や大きな現地シンポジウムを実施した。従前の日弁連の活動による各方面との信頼関係を基盤として、さらに現地スタッフに優秀な若手の人材を確保するために格段の努力をするなど関係者すべての工夫・努力のたまものであった。

　そして、2002年度よりパートナーシップ事業として、弁護士養成プロジェクトに参加することになったのである。

1　2002年からの日弁連協力による弁護士養成校が第4期から始まる形となっているのは、1995年〜97年の弁護士養成課程を1〜3期と呼ぶからである。
2　法と民主主義278号（1993年）に榎本信行、渡辺脩、木村晋介各弁護士らの報告記事があ

る。
3 佐藤優、海渡雄一各弁護士らによる報告書(英語版と日本語版を同時に出版)がある。社団法人自由人権協会『カンボジアの刑務所の問題点とその改革の方向——現地調査報告』(1995年)。
4 1997年に矢吹公敏弁護士にLAC理事会に代理出席を依頼したところ、政変のため矢吹弁護士はバンコク空港で足止めされてしまった。
5 この経過については、『日弁連50年史』(1999年)328頁の松島洋弁護士(33期)執筆部分に詳しい。

第5章
カンボジアでの弁護士養成支援②
弁護士養成校設立から

吉澤敏行

1 はじめに

　私は、2002年9月からカンボジアの弁護士司法支援プロジェクトに参加した。その前年、国際協力機構（JICA）から派遣されてベトナムのハノイで開催された競売セミナーに参加して、現地の法曹関係者と民事執行についてのワーク・ショップを行ったのであるが、カンボジアにおいても弁護士としての知識や技術等を生かして同国の司法制度の発展に貢献できればと考えた。

2 2002年9月から2005年8月まで

(1)　2002年9月に始まったプロジェクト（JICA小規模開発パートナー事業）は、①弁護士養成校の設立および運営支援、②弁護士の継続教育、③リーガル・クリニックの運営、④ジェンダー問題への取組みの4つを主な柱としていた。この3年間にわたるプロジェクトの中で、私は、主として弁護士養成校（Lawyers Training Center: LTC）の設立および運営支援と、弁護士の継続教育に関わった。

(2)　LTCについては、設立母体をカンボジア弁護士会（Bar Association of the Kingdom of Cambodia: BAKC）とし、日弁連が設立に尽力して2002年10月に開校した。プノンペン市内にある法律経済大学内に設置され、そのうちの教室1つと事務局用の部屋を1つ間借りした。BAKCの前の会長であったアン・エン・トン校長の下、ブン・ホンさんやイェム・サリーさんなどの若手が事務局のスタッフを務めたが、教授陣については、現地の弁護士、裁判官、司法省の役人の方々にお願いした。科目は、民法、民事訴訟法、刑法、刑事

訴訟法のほか、行政法、労働法、人権法、税法、弁護士倫理など、かなり広範囲に及んでいた。

　LTCの運営管理については、現地に渡航した際に、各科目の教授や事務局のメンバーから講義の実施状況をヒアリングしたり、学生から話を聞いたりするなどしたほか、実際に講義を傍聴して問題点を指摘したりした。さらに、現地で得た情報を基にして、日本側でカリキュラムに関する問題点を洗い出したり、教授陣の適格性を検討するなどといったことも行った。

　なお、LTCの運営経費は基本的に日本側が支出していたことから、この時期の現地における重要な業務の一つが、LTCの教授やスタッフらに対する給与の支給や、その他の光熱費や通信費を含む諸費用の支払いであり、また、各種の請求書、領収書等の書類を日本に持ち帰ることであった。私が現地に行く際は、事前に日弁連の国際課から数千ドルの現金と支払先の一覧表等を渡され、それを基に給与等を支払うのだが、数日間の滞在期間中に会うのが難しい教授やスタッフがいたり、また、LTCで追加的費用が発生した場合の対応をどうするかなど、かなり神経を使う仕事であった。

(3)　このような、日常的なLTCの運営や管理の業務だけでなく、入学試験の公正性をどのようにして担保するかという重要な問題があった。後に触れるとおり、カンボジアにおいても汚職の問題は社会に広く浸透していると言われており、LTCにおいても、試験問題の作成や試験の実施、そして試験結果の発表などの場面で汚職が入り込む可能性は皆無とは言えない状況であった。

　入学試験は、筆記試験のほか、口述試験が行われて最終的な合格者が決まるのだが、私は、筆記試験と口述試験の各1回立ち会った。2004年9月に実施された入学試験（筆記試験）の際は、試験の前日、試験問題を作成する試験官2名と当時のBAKC会長のキー・テック氏、そして私の4人がプノンペン市内のホテルの同じ部屋に投宿し、試験官らが問題を作成するのを見守りつつ、翌日の試験日当日まで外部に連絡等をしていないことを確認した。筆記試験の問題は各科目ごとに複数作成され、各問題用紙を封筒に入れて封印した後、キー・テック会長と私が封印箇所にサインした。翌日はさらに筆記試験に立ち会ったのだが、さらに公正を期すため、受験生の代表者に複数の封筒のなかから一通をくじ引きの要領で引いてもらい、その問題を正規の筆記

試験の問題として試験を実施した。なお、ここまでしても、受験生の間から入学試験の公正性を疑問視する声は常にあったと記憶している。

(4) 弁護士継続教育セミナーに関しては、私は、2003年12月に、1週間の日程で行われた第4回セミナーにおいて、「民事執行入門」の講義を担当した。カンボジアの民事執行および民事保全に係わる規定は日本の学者が起草した民事訴訟法の中に置かれているが、当時はまだこの民事訴訟法が施行されていなかったことから、草案段階での民事訴訟法を基に、日本の民事執行に携わっていた経験も踏まえて講義した[1]。当時は、弁護士の多くが年配の方々で、若い弁護士はほとんど見かけなかった。民事執行に関する知識にしても、旧宗主国であるフランスの法律を前提とした質問がなされるなどして、対応に苦慮したりした。

(5) このようにプロジェクトを実施していた中で、プロジェクトのリーダであった矢吹公敏弁護士から、カンボジアの弁護士会および弁護士のために、業務等の参考になるハンドブックを作ろうとの提案がなされた。カンボジアにおける弁護士倫理や弁護士会の規則などを1冊の本にまとめようとするものであり、現地の弁護士やBAKCのスタッフらに執筆をお願いしたりしたほか、彼らが本邦研修で来日した際にも、日弁連の会議室で弁護士会規則の草案の各条項を検討する作業を行ったりした。

　最終的に、"Legal Profession in Cambodia"と題したハンドブックができあがったが、シハモニ国王のほか、アン・エン・トン校長やキー・テックBAKC会長など、現地の司法関係者のそうそうたるメンバーが表紙を飾っており、中身もかなり充実したものとなっている。これからも、現地の弁護士らにより適宜改訂していってもらいたいと思う。

(6) なお、2004年8月には、カナダ弁護士会と国連開発計画（United Nations Development Programme: UNDP）が共催し、シェムリアップで開催された、"Training of Trainers"にオブザーバー的な立場で参加する機会を得た[2]。カナダのブリティッシュ・コロンビア州の裁判官と弁護士が講師となって、LTCの教授やカンボジアの司法関係者らに対して、「教え方」を「教

える」セミナーである。経験豊富な講師陣の講義やワーク・ショップは、現地の司法関係者らにとっても有益なものであったと思う。

3　2007年6月から2010年6月まで

(1)　2007年6月に始まったプロジェクト（JICA技術協力プロジェクト）では、前回に比べてやや規模を縮小し、①LTCの運営支援、および②弁護士の継続教育を行った。

(2)　私は、LTCの関係では、2008年2月と9月に、それぞれ1週間程度、民事訴訟法のうち訴訟に関する講義を実施した。前述のとおり、カンボジアの民事訴訟法は日本の学者らによって起草されたものであるが、民事訴訟に係わる部分については、日本の民事訴訟法と民事訴訟規則をほぼそのまま取り込んでおり、これに民事執行と民事保全等に係わる規定が加わっている[3]。

講義をするに当たっては、当初、訴状や準備書面等の記載方法や、要件事実と間接事実の区別等をまとめた「主張の方法」と、証拠の収集や証人尋問の技術等に関する「立証の技術」という2種類のレジメを用意したが、学生の到達度を考慮して、2回とも訴状等の書面の作成方法を講義したほか、具体的な事例を使って学生に訴状や答弁書を作成してもらった。もちろん、学生のレベルは様々であるが、なかにはかなり理解度の進んだ学生もいて驚かされた。

なお、2月の時点では、LTCは前述の法律経済大学に間借りしていたのであるが、9月に講義に赴いた際には、すでに市内にある判事・検事養成校（Royal School for Judges and Prosecutors: RSJP）が入っている建物に移転していた。

カンボジアではいわゆる法曹一元制度は採用されておらず、判事および検事については別の養成機関で養成されるのであるが、将来的には、カンボジアにおいても法曹一元を実現して、法曹三者を目指す学生らが机を並べて研修する機会を作ってほしいと思う。

(3)　他方、弁護士の継続教育に関しては、2009年12月に民法（財産法）に関

する講義を行った。カンボジアの民法も日本側の起草によるものであるが、日本の民法のようなパンデクテン方式とは異なる編纂方式をとり、また、対等な私人間の契約だけでなく、いわゆる消費者契約的な規律を設けるなど、かなり先進的な内容になっている[4]。この点については、日本の民法の債権法の部分に係わる改正の問題もあり、いろいろと考えさせられるところである[5,6]。

　参加者についてはかなり若い弁護士が多くを占めているという印象であり、多くの弁護士に参加いただいたが、各弁護士のレベルの差もあることから、講義の内容にはかなり気を配った。

　なお、弁護士継続教育については、実質的にはわずか5日間程度の期間で、しかも午後を中心とした講義を行うだけであって、法律等のごく一部の講義を行うに過ぎず、また、これだけで講義した内容のすべてを理解してもらうことはとうてい困難であり、このことはLTCの学生を対象とする講義においても同様である。私自身は、日本の弁護士が現地で講義やセミナー、ワーク・ショップ等を行う意義は、数日間の間に現地の弁護士や学生らの「頭」を刺激して、その後の彼ら自身による自発的な学習等に対するインセンティブを与えることにあると考えている。したがって、講義の内容についても、法律の内容等の詳細を教えるというのではなく、法律の立法趣旨を踏まえた解釈の方法とその実践に重点を置いて講義を実施した。

(4)　ところで、LTCや弁護士継続教育セミナーでの講義等における、日本語とクメール語の通訳は、2002年からのプロジェクト開始当初から、主としてスワイ・レンさんにお願いしている。スワイさんは元々カンボジアの方であるが、現在日本国籍を取得され、日本とカンボジアとを結ぶ架け橋として幅広く活躍されている方である。理系のご出身であるにもかかわらず、何ら不安を感じることなく法律に関する講義等の通訳をお願いできる方である。スワイさんのおかげで講義にも集中できるし、講義の最中でも私の言葉足らずのところはその都度聞き返していただいたり、言葉を補ってくれたりする。このような通訳の方を確保することも、国際司法支援活動にとっては極めて重要なことであると思う。

4 カンボジアの弁護士と司法制度

(1) 私がカンボジアの司法支援プロジェクトに参加した2002年の時点と比較しても、カンボジアにおける弁護士の人数は飛躍的に増大してきているほか、何よりもLTCを卒業した学生が弁護士になるなどした結果、若い弁護士がかなりの割合を占めるに至っている。

もちろん、カンボジアで弁護士になったとしても、それだけで彼らが何の懸念もなく弁護士業に専念できるわけではなく、法律事務所等の経営基盤の確立の問題や、若い弁護士の就職の問題など、解決すべき問題は多いと思われる。LTCを卒業しても、弁護士として活動することなく、国際機関やNGOなど他の経済的にメリットのあるところに就職したりする者もいるということである。弁護士としての生活基盤の確立については、現在の日本における若手弁護士の就職難に通じるところがあるのかもしれないが、弁護士が一国の司法制度のなかで重要な役割を果たす存在であることからすれば、カンボジアにおいても、弁護士業務が安定的に遂行できるよう、何らかの対策をとる必要があるのかもしれない。

(2) 次に、カンボジアの司法制度を紹介するに際しては、「汚職」に関する点にも触れなければならない。

前述したとおり、LTCの入学試験においても、入学試験の問題の漏洩を防止するとともに、客観的にも漏洩はないということを受験生に理解してもらう必要があった。

訴訟の場においても、裁判官に対して不当な影響力を行使するなどして、自己に有利な判決を得ることが行われているということも耳にした。汚職の問題は多かれ少なかれ他の国でも普遍的に存在するものと思われ、これを直ちに一掃することは困難である。汚職の取り締まりに関する規制を強化するなどのほか、裁判官等の公務員の地位の安定を図ったり、倫理教育を徹底する等の方法が考えられるものの、私自身、明確な解決策が思い浮かぶわけではない。結局のところ、国家が中心になって地道に解決を図っていくしかないのではないかと考える。

5　おわりに

　2008年9月のLTCでの講義の前に、プノンペン市内の裁判所を見学する機会があったが[7]、裁判所の入口で突然、現地の若い男性2人に声をかけられた。旧知の知り合いであるかのように親しげに話しかけてくるのだが、どこかで会ったような気がするもののなかなか思い出せない。実は、彼らは、私がその年の2月にLTCで民事訴訟法の講義を行った際の学生たちで、春にLTCを卒業して弁護士になったのであった。その日はたまたま刑事事件の弁護人として裁判所に来ていて、市内で傷害事件を起こした被告人の弁護を2人で受任しているとのことであった。彼らは、自分たちが担当している刑事事件の内容や、その他の弁護士業務等について、ニコニコしながら熱心に話し続けた。私が彼らに講義したのはわずか数日間だけであったが、彼らがこれからの様々な困難にもめげずに、カンボジアにおける「法の支配」の一翼を担う存在になってくれるよう、願わずにはいられなかった。

　このプロジェクトを実施してきた約8年間の間にも、カンボジアの経済復興は確実に進んできた。外資の進出も盛んになってきたという印象であり、今後同国における弁護士の役割も多様化するものと思われる。機会があったら、またカンボジアの司法支援事業に協力していきたいと考えている。

1　カンボジアの民事訴訟法の中の民事執行に関わる規定については、日本の制度と異なる点も少なくない。
2　周知のとおり、シェムリアップはアンコール遺跡群観光の拠点となる町である。市内には高級ホテルが建ち並び、世界中から観光客がやってくる。
3　支援国が自国の法体系を被支援国に「移植」することにより、支援国の企業等にとっては、現地での経済活動に伴うリスク等が認識しやすくなるというメリットがあると思われる。
4　法務省参与の内田貴先生が、自由と正義2009年9月号に、「債権法改正の前提」と題する論考を寄稿されたが、その中でカンボジア民法典について触れられており、「カンボジア民法は、ドイツ的なパンデクテン方式をとらず、大陸法圏に広く見られる別の方式に依拠しつつ、日本民法典の解釈論による発展を反映させたものとなっている」と評しておられるほか（同誌14頁）、「母法国日本の古色蒼然とした民法典と違って、日本での法発展を踏まえた現代的な編成と内容の民法になっています」とされている（『民法改正――契約のルールが百年ぶりに変わる』〔筑摩書房、2011年〕62頁）。
5　現在、日本でも債権法を中心とした民法の改正が検討されているが、その中で消費者契約に関する特則についての提言もなされている（民法〔債権法〕改正検討委員会「債権法改正の

基本方針」別冊NBL126号〔2009年〕ほか）。
 6　カンボジア民法典は2011年12月に施行された。
 7　LTCや弁護士継続教育に関わる講義は午後に行われることが多く、その場合、午前にJICAの現地事務所を訪問したりするほか、裁判所や刑務所の見学、いっしょに渡航した弁護士と講義の打ち合わせなどをすることになる。

第6章
カンボジアでの弁護士養成支援③
リーガル・クリニック

宮家俊治

1　はじめに

　私は、2002年9月から2005年8月までカンボジアの弁護士司法支援プロジェクトに参加し、同プロジェクト内に総勢5名で形成する扶助部チームに所属し、4名の同僚と共に弁護士養成校（Lawyers Training Center: LTC）内部にリーガル・クリニックを設置し運営する活動に関わった。これまでの体験や見聞に基づき、カンボジアに誕生したリーガル・クリニックについて、その目的、3期間（LTCの第4期生から第7期生まで）の活動、および、将来の課題と展望について私的に紹介したい。

2　リーガル・クリニックとは

　リーガル・クリニックは、これまで米国のロー・スクールを中心に、各種の法領域において、多様な形態で実施されてきた。一般に、行政法、刑事訴訟法、刑事施設法、民事訴訟法、渉外家族法、会社法、証券取引法、保険法、国際取引法、環境法、国際人権法その他の魅力的な分野において、理論的な問題と実務的な問題のいずれに重点を置くかにもよるが、実務家もしくは実務経験を有する指導教授の監督の下で、特定の分野に興味と熱意を持った学生がグループを形成し、主体的に実務教材に取り組む活動と理解されてきた。我が国においても、2004年4月の法科大学院（ロー・スクール）の創設を契機として、実務教育を充実させることを目的として多数の学校で採用されてきたといわれている。
　2002年10月、日本型のロー・スクールに先立つこと約1年半、カンボジアの弁護士養成校は開校し、2002年12月、その実務法学教育の重要な支柱

の一つと位置付けられて、カンボジア版リーガル・クリニックもスタートした。

3　カンボジア版リーガル・クリニックの目的

　カンボジア版のリーガル・クリニックも、LTCの学生において、現実の事件記録に接し、実務の息吹を肌で感じ、個々の事件の中に息づく熱気や渦巻く苦悩を垣間見ることにより、実務家としての素養と熱意を培って貰うことを第1の目的とすることは、米国や我が国のそれと同一である。しかし、カンボジア版が特に強く意識し、第1の目的と同等に重きを配置した第2の目的は、法律扶助が制度として未成熟の段階にあるカンボジアの特殊事情の下で、社会に埋もれた事件を掘り起こし、持たざる者や社会の法化から取り残された者に対し、無料で法的なサービスを提供し、少しでも社会の法化に寄与することにあった。いわば、LTC学生への教育的な効果とともに、一般公衆に扶助的な法的サービスを提供し、もって社会の法化ひいてはアクセス・トゥ・ジャスティスの実現を誘引する効果を狙ったということができる。

4　リーガル・クリニックの活動

　カンボジア版リーガル・クリニックは、上記の2つの目的を実現するべく、第1段階として、新入学生に対するオリエンテーションと実務へのイントロダクションを実施した。第2段階として、実務家講師と共に、法的な紛争を抱える者の法律相談、その中から必要のある事件を選別した上で受任し、受任事件についての起案を含む訴訟活動を実施した。第3段階として、サマースクール、すなわち、卒業間際に1年間の学習の総復習として、生徒および講師の全員で地方都市に数日間にわたり滞在し、当地の司法関係者、役人、一般市民を招待し、これらの人々の前で、生徒が民事法、家族法、刑事法その他各種の一般的な法律問題について講義し、その後質疑応答を通じ地域の人々と交流する活動を展開してきた。

　以下、リーガル・クリニックの設置と活動について列記する。

(1) リーガル・クリニックの設置

　リーガル・クリニックの開始時期がLTC開校に2月遅れることになったのは、草創期の混乱もさることながら、日本側の扶助部チーム（5名）とカンボジア側の弁護士スタッフ（4名）との間に、リーガル・クリニックの具体像について認識を共有することに時間を要したからに他ならない。すなわち、LTCの全生徒（50～60名）が大教室で講師から六法をはじめ必須の法律科目の授業を受ける他、生徒を少数グループ（5組）に分割し、グループ単位で生の事件を手掛ける活動が生む教育効果について、カンボジア弁護士のスタッフを納得させることは簡単ではない。クメール語しか話せないスタッフが複数在籍したこともあるが、このような言葉の問題以上に、未だ見聞したことのないアングロアメリカ法特有の実学教育の有用性という発想を共有することに労力と時間を有したといえよう。人に未知のシステムの有用性を納得させることは容易でないことは自明の理というものであろうが、異なった文化圏に所属する者との間のコミュニケーションは、たとえ弁護士同士であったとして容易ではなく、数日間かけて議論しお互いに頭では認識を共有し得たと実感したとしても、その考えを具象化する段階で同床異夢であったことに後から気付かされることは再三再四であった。

　リーガル・クリニックは、何とか2002年12月にスタートしたのであるが、双方スタッフ間の根深い認識の乖離またはコミュニケーションのギャップは、一朝一夕に解決できるものではなく、漸次縮小し克服していくしかないようで、カンボジアのリーガル・クリニック長に英語の堪能なイム・サリー弁護士が就任し、日本側スタッフのほぼ毎月の現地への訪問と協議を繰り返し、スタッフ弁護士の本邦研修、さらには、1年目のサマーキャンプでの日本側の扶助部（5名）とカンビボジア側のスタッフ（4名）の数日間の交流を経て、ようやく双方が認識をほぼ共有し得る段階に至るまでほぼ1年を要した。

(2) 実務へのイントロダクション

　リーガル・クリニックの開始直後に行われるオリエンテーションと全生徒を5組に分ける作業に続き、学部教育を修了することだけしか入学の要件に課されていないLTCの新入生に対し、実務のガイダンスを行い、現実の事件のイントロダクションを行うことは、次の段階に進むために不可欠であることに

異論はないであろう。問題はその労力と時間である。

　初年度（2002〜2003年）は、教室での実務のイントロダクションに半年以上をかけ、その間、スタッフ弁護士作成にかかる各種書面の書式を勉強し、過去の刑事事件（強盗2件、傷害致死2件）の記録を検討した。その残りの期間は、実務家スタッフの手持ち事件を閲覧・傍聴したり、スタッフの拘置所への接見に同行したり、裁判所や行政機関への訪問を実施した。

　2年度（2003〜2004年）は、教室での実務のイントロダクションに約4カ月間かけ、その間、裁判所、刑務所および行政機関を訪問した。

　3年度（2004〜2005年）は、教室でのイントロダクションは、1組あたり6科目（①利益相反、②法律相談、③法的な主張、④ケーススタディ〔土地法1件と窃盗1件〕、⑤証拠法、⑥上訴審）に絞り、その間、やはり裁判所、刑務所および行政機関を訪問した。

(3)　法律相談と事件受任

　リーガル・クリニックは、2002年当時は我が国でも実施されておらず、扶助部メンバーにとっても試行錯誤の連続であったが、前述した通り、カンボジア版の目的として教育的な効果と社会の法化を掲げる以上は、法律相談窓口の設置と現実のアクティブな事件の取り扱いは核となる活動と位置付けられた。

　法律相談窓口については、当初はLTC（既存大学に間借）の内部に1部屋確保し、その場で事件受付から事件相談まで一手に取り扱ってきたのであるが、事件を抱えた市民がセキュリティーチェックの厳しい大学の構内の事務所を訪問することは物理的にも精神的にも困難であるため、相談件数は特定の紹介案件に限られ、その件数も1年あたり数件であった。しかしながら、2005年1月30日、状況は激変する。すなわち、2003年からプノンペンに長期専門家を配し、日本弁護士連合会と共にLTCの運営に協力してきた米国法曹協会（ABA）の支援に基づき、LTCの間借りする大学の構外、しかも徒歩圏内に法律相談事務所（Legal Consultation Office: LCO）を開設することができ、市民のアクセス環境が向上したため、それ以降は相談件数と受任件数が飛躍的に増大した。

　各年度の傾向を列記するとすれば以下の通りである。

初年度（2002～2003年）は、カンボジア側のスタッフにおいても、彼の地の弁護士会および弁護士の立場の弱さ、資格を有しないLTC学生の立場のさらなる弱さ、学生に守秘義務を遵守させることへの疑念、司法省・拘置所をはじめとする学生同伴への抵抗その他各種の障害を乗り越えることは困難で、スタッフの手持ち事件以外は生の事件に接することはできなかった。

　2年度（2003～2004年）は、状況は若干改善され、現実のアクティブな事件にグループ1組あたり7時間30分、延べ約4カ月間費やすことができた。

　3年度（2004～2005年）は、2月1日から8月31日までの間に、LTC構外の交通量の多い国道に面した法律相談窓口（LCO）が取り扱った事件は27件、その内10件は刑事事件（3件は未済、7件は既済）、内17件は民事事件（12件未済、5件は既済）であった（未済既済の区別は、いずれも2005年8月末現在）。

(4) サマースクール

　LTCの生徒の卒業試験の間際ほぼ毎年8月に実施されたサマーキャンプは、リーガル・クリニックの活動のなかで極めて重要な地位を占めてきた。すなわち、毎年ほぼ10月からスタートするLTCの生徒は、法律科目の授業に参加するとともに、これと併行してリーガル・クリニックにより実務研修を通じ実務法曹の素養を習得していく。サマースクールは、それまでのカリキュラムの集大成と位置付けられ、生徒自らが特定の法律問題を深く掘り下げるとともに、一般市民に対し懇切丁寧に分かり易く解説する機会だからである。そのため、生徒たちは用意周到な準備と、論旨簡明なプレゼンテーションの訓練を重ねることができると考えられていた。まさに生徒たちには教育的な効果を期待し、これとともに、地方都市の市民にとっては、平素はプノンペンに法曹人口が集中し過疎化している地域にあって、新しい法律（民法、民事訴訟法、刑法、刑事訴訟法その他基本法は改正中または改正直後）の説明を受け、場合によっては個別事件の相談に無料で乗って貰えるか、将来の継続的な法律相談の切っ掛けを得る千載一遇の機会であり、社会の法化に資する効果が期待できるからである。

　初年度はシアヌークビル（プノンペンから自家用車で片道約5時間）、2年度はバッタンボン（プノンペンから自家用車で片道約6時間）、3年度はシュムリアップ（プノンペンから飛行機で約1時間、自家用車では道路未整備箇所があったため片道

約8時間)において、それぞれ全生徒およびスタッフ弁護士が3日間以上滞在し、サマースクールを通じ地元の司法関係者、役人、市民と交流を持った。

5 将来の課題と展望

　私たちのプロジェクトは、その後も間断を経て2009年6月まで継続したのであるが、リーガル・クリニックの支援は引き継がれることなく、扶助部チームは2005年8月をもって解散した。しかしながら、カンボジア版のリーガル・クリニックは、その後もカンボジア側スタッフ弁護士とABAの長期専門家の努力で2006年頃までは存続し、一般市民に無料で法律相談を提供する機能を果たしてきた。また、サマースクールは、2009年までは確実に存続し、毎年地方の市民と交流してきた。これらの活動は、曲がりなりにもLTC生徒の教育と社会の法化に貢献したということができよう。

　しかしながら、扶助部チームは、2005年9月以降、さらにパワーアップしたリーガルサービスを提供する構想を抱いていたのであり、今となっては夢に終わった試案となったが、将来の展開するためのアイディアに資することを祈念して、最後に紹介したい。

　第1に、一部の地方都市に法律相談窓口（LCO）を開設し、LTCの卒業生を派遣し常駐して貰い、LTC本部のリーガル・クリニックのスタッフ弁護士の指導協力を経て、リーガルサービスの質を維持しつつ、事件を実効的に処理する。法曹人口の首都プノンペンへの偏在という問題を踏まえ、地方の過疎地域の法化を図るためである。

　第2に、その他の地方都市については、漸次LCOの開設を企画予定するものであるが、人的および物的な資源に限りがあり、予算的にも無理な場合には、巡回型の法律相談窓口を暫定的に設置することも試案として浮かび、その際には、予算を切り詰めるべく、大型車両に法律相談ツールを積載して地方を巡業するアイディアも持たれた。

　第3に、特に刑事事件については、LCOを窓口とした事件受任と弁護活動を無償で継続すること、すなわち、扶助的な弁護活動を任意に展開することによって、カンボジアには被疑者段階・被告人段階を通じて公選弁護制度が存在していないことから、将来は同国の法律制度として公選制度を確立して

いく礎になろうと企図したのであった。まさしく、我が国の弁護士会主導の当番弁護制度が被疑者国選制度の魁となったことを参考にした運動となるはずであった。

第6章　カンボジアでの弁護士養成支援③

第7章
カンボジアでの弁護士会支援

神木 篤

1 個人の経歴・支援の歴史

　私は、2008年5月に国際協力機構（JICA）によるカンボジア弁護士会（Bar Association of Kingdom of Cambodia: BAKC）支援プロジェクトの長期専門家としてカンボジア弁護士会に派遣され、2010年6月10日までプノンペンで支援業務に従事していた。私自身は、このプロジェクト以前に2000年7月から12月までカンボジア弁護士会と国連児童基金（United Nations Children's Fund: UNICEF）との子どもの権利保護のための共同プロジェクト（Legal Representation for Children in Need of Special Protection）にインターナショナルアドバイザーとして働いていたことから、カンボジア弁護士会の2000年当時の会長であるアン・エン・トン氏など、当時の弁護士会執行部メンバーとは知己があった。

2 プロジェクトの枠組み

　私が活動をしていた弁護士会支援プロジェクトのプロジェクト目標は、カンボジア弁護士会と弁護士養成校（Lawyers Training Center: LTC）が適切な弁護士教育を行う（ことができるようになる）、というもので、その目標達成のために、①LTCの運営が適切に行われる、②LTCにおける民事教育の質が改善される、③弁護士に対する継続教育が改善され計画的に実施される、④カンボジア弁護士会の会員への実務教育指導能力が改善される、という4つの成果が必要とされていた。すなわち、プロジェクトの専門家は、①ないし④のプロジェクト成果を達成するように活動を行えば、自然にプロジェクト目標を達成できるという枠組みになっているのである。もっともプロジェクト自体は

2007年5月に開始しており、2009年5月までの本来のプロジェクト終了までにほぼこれらの成果は達成されており、2009年5月からのプロジェクト延長フェーズでは、私の活動は実質的には④の活動に集中することになっていた。そこで、以下は主に④のカンボジア弁護士会実務教育指導能力改善活動について説明することとする。

(1) 活動内容の決定

　カンボジア弁護士の実務能力を改善するにはどのようにすればよいかを考え、題材としては要件事実を取り上げることにした。要件事実はカンボジア民法とカンボジア民事訴訟法の双方を架橋する理論であり、カンボジアの民事実務に不可欠なものである。要件事実は、日本では大学での法学部を終了し一通り民法と民事訴訟法の理解のある司法修習生や法科大学院生に対して教えられているというものであり、要件事実を理解するにはある程度高度な実体法および訴訟法の理解を必要とする。要件事実教育については、カンボジア民法・民事訴訟法が最近になって成立したという事情があるため、両法の理解が必ずしも十分でないカンボジアの弁護士に対して理解させるには困難が予想されるが、この機会を逃せばいつカンボジアの弁護士に要件事実を教えることができるか懸念されたためである。カンボジアでは、要件事実の理論はもちろん、民法や民事訴訟法に関する教科書はきわめて乏しい。JICAの法整備支援プロジェクトで最低限のものを作成してはいるが、参考書やテキストブックなどは皆無である。このような状態で要件事実をカンボジア弁護士が自力で理解することは不可能であることは明らかであるため、要件事実を理解している日本の法曹がその理論を教える必要があるが、それも一番効率的であるのはカンボジア語による要件事実教育である。私は、縁があり国連児童基金 (United Nations Children's Fund: UNICEF) のプロジェクトとJICAの2種類の法整備支援プロジェクトに従事したため通算でカンボジアに6年在住し、カンボジア語により要件事実を教えることができるようになっていたが、通常は日本の法曹がカンボジア語による要件事実教育を行うことは困難である。そのために、何としても、私がやらなければならないと考えたのである。

　ただ、要件事実の理解が困難である分、粘り強く繰り返し教えなければならない。そのため、活動方法として民事の要件事実についてのテキストブック

を作成するワーキンググループ（WG）を結成し、WGメンバーに対して繰り返し、ゼミ形式で要件事実を理解させ、彼らにテキストブックを作成させ、またWGメンバーがその他のカンボジア弁護士に対する教育を受け持たせようと考えた。つまり成果物であるテキストブックの完成と、カンボジア弁護士の中でのセミナー担当者となる教官の育成の2つの目標を同時に達成することを企図した。

(2) WGメンバーの選定

WGメンバーは短期間で要件事実を理解しなければならないうえ、自ら理解したことを他のカンボジア弁護士に教える役割を担っている。そのためにはカンボジア弁護士の中でも選りすぐりのメンバーをそろえる必要があった。私は、それまでのカンボジア弁護士に対する継続教育セミナーを通じて、優秀な若手の弁護士を2人、目星をつけていた。彼らは日弁連の短期専門家が行った民事訴訟法のセミナーで、既判力の及ぶ範囲と執行力の及ぶ範囲については一致しないのではないかという疑問点を自ら考え私に質問をしてきたことがあり、その内容の高度さに私は驚嘆した。このようなことがあったため、彼らは無試験でWGに入れるようにチウ・ソンハ弁護士会長とスオン・ビサル事務局長に要請した。

それ以外のメンバーについては、いわゆるビジネスロイヤーではなく、NGOロイヤーの中で若手で優秀なメンバーを面接により選任した。カンボジアの法の支配を確立するためには弱者を代理するNGOロイヤーを強化する必要があるため、特にNGOロイヤーの中から選任することが必要だったのである。幸い私は弁護士会プロジェクト外の活動で、私的にあるNGOで弁護士に民法・民事訴訟法を教えていたことからNGOロイヤーにつてがあったのである。

こうして選んだ弁護士は総勢6名であり、それに加えてLTCのアシスタントプロフェッサーをしていた弁護士を1人加え、総勢7名でWGを開始した。

(3) 活動日程

WGメンバーはすべて弁護士であり、かつこのWG活動参加に際しては一切報酬は支払われないことから、彼らの業務に影響を与えないようにWGは土曜日に行うこととした。毎週1回WG活動を行えば、1年間の活動を通してテ

キストブックを作成するために充分な内容を蓄積することができた。

(4) 具体的な活動の流れ

　若くて優秀な弁護士を集めたとはいえ、実体法や訴訟法の理解も不十分な弁護士に要件事実を理解させるためには、繰り返しインプットを行う以外はない。そのために同じ事項について最低3回は説明した。

　まず、XはYに対してどのような請求ができるかという簡単な事例を設定し、最初は実体的な権利義務について説明をした。例をあげれば、XはYに金銭を貸付け、ZがYの債務について保証をした場合に、X、Y、Zはそれぞれ誰に対してどのような請求ができるかというようなものである。次に同じ事例を用いて、それらの請求のためにはどのような事実（要件事実）を主張する必要があるかということを説明した。各WGメンバーは、各自私の説明を記録し、その講義録を翌週のWGまでに私や自分以外のWGメンバーに送付し、各WGメンバーは送付された講義録を事前に読み、誤りがないか検討をしておく。私はその議事録をあらかじめ読み、誤解がないか検討をしておく。次週のWGでは、WGメンバーのうち1名が前週の内容を簡単に説明し、誤解があればその場で私やその他のメンバーが修正するというものである。このような方法では、最初の実体法の説明、次の要件事実的な説明、自ら講義録の作成、次週における復習と4回同じ事項を繰り返すことになる。これにより記憶の定着が図れるのである。

(5) 弁護士会執行部の巻き込み

　WG活動を通してWGメンバーの能力が向上しLTCやBAKC継続教育セミナーで教官を務める能力がついたとしても、その能力が弁護士会執行部に理解されなければ結局は教官には採用されないことになり、宝の持ち腐れになることになる。このような状態を避けるために、WGメンバーの能力を執行部に認識させるための努力も必要となった。具体的にはWG活動にチウ・ソンハ弁護士会長や弁護士会理事会メンバーを招待し、WG活動の様子を実際に見学させるなどである。また、単にWGへの招待だけでは参加をしないと思われたため、WGメンバーとの懇談のために昼食会を設定した。昼食会の費用はもちろんプロジェクト費用では賄えないために自腹を切ることになるが、WG

と昼食会のセットは効果を発揮し、チウ・ソンハ会長もWGメンバーの能力に関しては一目を置くようになった。

(6) ディセミネーションセミナー

プロジェクト終了直前の4月、5月には、ディセミネーションセミナーを行った。

要件事実は従来のような一方通行のセミナーでは理解されないと考えたため、セミナー参加者を限定し、一回のセミナーあたり20名に限定をし、かつ4日間連続で行うこととした。このようにすれば双方向的なセミナーが可能になり活発な質疑応答を通じて参加者の理解が深まると考えたのである。さらに参加者のインセンティブを増すために、修了者には弁護士会長と私の連名でセミナー修了証を交付することにした。これは、費用がかからない割にセミナー参加者のインセンティブを増すためによい方法である。

また、ディセミネーションセミナーのレクチャラーは私ではなくWGが行うこととした。WGメンバーの中にはしり込みをするものもあったが、WGメンバーは将来的にLTCの教官を務めることが予定されていること、私も傍聴していることからわからない場合には手助けができることなど説明し、最終的にはWGメンバーがディセミネーションセミナーを行うことになった。

(7) フォローアップ

要件事実のハンドブックには、設例を十数例盛り込み、要件事実の入門編としては十分な内容となったことと自負してはいるが、ハンドブックに盛り込まれていないが重要な事項もまだまだあり、これらについてはさらに教えていく必要があることはもちろんである。残念ながらプロジェクトは終了したが、フォローアップの必要性については私もWGメンバーも承知していることから私が日本に帰国後もスカイプを利用して、要件事実のWGのフォローアップを継続している。

3 国際協力の際の留意点およびカンボジア弁護士会の特殊性

私のこれまでの国際協力経験から得られた経験から、弁護士会支援を行う

際に留意すべき点を述べる。これは、カンボジア弁護士会に見られた問題点であるが、程度の差はありうるが発展途上国の弁護士会に共通する部分がありうると思われるため、カンボジアだけでなく他の発展途上国の弁護士会支援に際しても役立つのではないかと思われる。

(1)　弁護士の地位は他の法曹である裁判官や検察官よりも低いものとされ、弁護士会に対する技術移転が裁判官や検察官に対してはそのままでは伝わらない場合がありうる。これは弁護士としての職業に対する一般の認知度の低さや、裁判官が弁護士を正当に評価していないことなどに起因するものと思われる。そのために、このような場合に弁護士会支援を行う際には、弁護士会だけでなく、他の裁判官や検察官に対する支援も同時に行うなど、効果的な支援を行う必要がある。

(2)　発展途上国では、法の支配自体が確立していない場合が多い。むしろ、法の支配が確立している国では、弁護士会自身うまく機能し活発に活動しているために援助を必要としていないことが多いであろうから、弁護士会支援対象国では法の支配が確立していることを期待することは困難であろう。このような場合に、自分の行っている業務がはたしてカウンターパートのためになっているのか疑問に感じることもあるが、最終的な受益者は対象国の国民であることを信じて自分の業務を遂行する以外にはないのではないかと思う。

(3)　カンボジアでは、ポル・ポト政権による大虐殺のために、国の中心となる人材の欠乏が甚だしい。しかもこの人材の欠乏は単に時間の経過によって自然に回復するものではない。教育を担当する人材が欠けてしまうことにより、次の世代が適切な教育を受ける機会を失い、単に時間の経過によっては人材の欠乏を回復することができないのである。そのような場合に法律を普及させるためには、単に現在の弁護士や裁判官・検察官に対して法律を教えるだけでは不充分な場合が考えられる。彼らは多くの場合、すでに法的教育を充分に受ける機会のないまま現在の実務にどっぷりつかり、現状を変える力も意欲もなくなっている場合が多いのである。また、そのような彼らに対して、新しい知識を移転するのは不可能に近いかあるいは極めて困難なのである。

むしろ、現在法曹になっていなくても、将来法曹になることが期待される大学生に対して法律教育を施す方がはるかに効率的である場合もある。もちろん弁護士会支援という枠組みで支援を行う以上、現役の弁護士に対しても継続教育を施す必要があるが、将来の弁護士候補という意味でも、また法曹以外の者への法的知識の移転という意味でも弁護士以外に対して法律の普及を図ることも重要である。

　私が従事していた弁護士会支援プロジェクトには、大学生や大学教授に対する普及は活動内容として規定されていなかったため、私はプロジェクト外の私的な活動として王立法律経済大学の法学部教授や、大学生に対して講義を行った。

(4)　法曹養成のためには、司法研修所のような組織で実務法曹となるための教育を行う必要があるが、国によっては日本とは異なり、裁判官・検察官となるための研修所と弁護士となるための研修所が異なる場合がある。これは、フランスの制度が典型的なものであるが、カンボジアにおいても法曹養成は旧宗主国であるフランスのシステムの流れを受けているため、裁判官・検察官の養成校と弁護士の養成校は別々となっている。このような裁判官・検察官の養成校はいわば公務員の養成であるため政府により運営されるが、弁護士養成校に関しては非公務員の養成であるために政府からの援助がなく、あるいは乏しいために、在野法曹である弁護士をどのように養成するかで問題が生ずる。カンボジアでは、1995年の弁護士法により弁護士は弁護士養成校を卒業することが必要とされ、それを受けてアメリカの支援の下弁護士養成校運営がなされたが、その後の1997年の政変により弁護士養成校が中断したことがあった。その後2002年からJICAの支援の下で弁護士養成校が再開されたが、常に運営資金面での問題があり、2010年からは存続自体の問題も生じている。

　日本では司法研修所は最高裁判所に所属する機関であり日弁連が運営する必要がないが、途上国で特にフランス法の流れをくむ国では弁護士養成校の設立運営が弁護士会の負担となるために、財政基盤の弱い途上国の弁護士会では極めて重い負担となる。このように、弁護士の養成を支援する場合には、継続性、自立発展性が問題となる場合がある。

また逆に政府の援助と引き換えに政府からの干渉を受ける場合もあるであろう。

(5) 弁護士会の歴史が浅いため、一般の人々の認識が低いだけでなく、弁護士としての一体性の欠如、社会的意義の自覚がない場合がある。弁護士の存在は社会的インフラとしての側面があるため、弁護士会は個々の弁護士の社会的使命の自覚により自律的に設立される場合以外に、外国資本を誘引しまた海外からの人権面での批判を回避することを目的とした政府の支援を受け設立されることもありうる。このような場合には、弁護士はその地位を政府との闘いの中で確立するものではないので弁護士としての社会的意義を自覚していない場合や、弁護士会としての一体性を欠く場合も多いと思われる。弁護士会や個々の弁護士は、一般論としては弁護士の社会的意義について理解しまた賛同するが、個々的な問題になると弁護士会の一体性が発揮されず、有効な人権保障の砦とはならない。

カンボジアで実際に起こった事件であるが、野党議員が、首相に対して名誉棄損罪の告訴をしたところ、首相から逆に告訴をされ、その野党議員の代理人である弁護士も懲戒申し立てをされたという事件があった。事案の内容は通常の弁護権の行使であると思われたが、このような弁護権弾圧に対してカンボジア弁護士会は何ら有効な手を打たず、結局はその野党議員の代理人が首相に謝罪して代理人を辞任するという形で事件が収束した。

このような事件が発生した時に、弁護士会支援を行う日弁連としてどのような対応をするかが問題となるが、弁護士会支援は技術支援の側面が大であるとはいえ、弁護士会の社会的意義を全うしない弁護士会に対する技術支援は無意味であるといえるため、日弁連としても何らかの働きかけは必要となるであろう。したがって、弁護士会の社会的意義が問われるような事件が発生した場合には、どのような形で相手国の弁護士会に働きかけていくかについては、日弁連としても、またJICAや外務省とも意見交換を行い、態度決定をすることが必要と思われる。

(6) その他法整備について個人として留意するべき点をあげるとすれば、以下のような点も重要である。

まず、語学の重要性である。法整備を行う際には、大多数の場合は日本人専門家は英語を使って仕事をすることになる。これ自体は仕方がないことであり、英語やフランス語以外の言語を話すことができないのは当たり前である。しかし、いやしくも日本が国を挙げて法整備支援を行う以上、法整備対象国の現地語を話す法曹が一人もいないということは大きな問題であろう。法整備支援は対象国の法秩序という社会の根幹をなす制度を支援する以上、相手国の文化の一つである相手国の言語を理解することも法整備支援の質を維持するうえで不可欠である。その点で日本語―英語―現地語という間接的な意思疎通は望ましくなく、直接的に現地語でのコミュニケーションが取れることが望ましいことは言うまでもない。また、英語やフランス語などのメジャーな言語以外では通訳の人材も限られるため、必ずしも法律的に厳密な通訳を要求することは困難である。そこで、機会と時間がある場合には、法整備を行う専門家自身が現地語を学び、現地語でコミュニケーションがとれる程度まで語学力を高めることが大切である。こういう私も2005年にカンボジアに派遣されるまで、カンボジア語は一切話せなかったものであるが、カンボジアに赴任直後から毎日1時間帰宅後に家庭教師と1対1で会話をし、現地の新聞を読むことにより、赴任4年目からはカンボジア語で法律の講義をすることができるまでになった。私がカンボジアに派遣されたのは40歳になる2カ月手前であったことから、私のクメール語は本当に40の手習いで覚えたものであるが、それでも現地語で業務できるまで上達するものである。繰り返しになるが、援助の質を考えるならば、現地語による援助が被援助国にとっても理解されやすいのは当然であり、殊に現地の法整備を行う以上、現地語訳がどのようになっているかを理解することが不可欠の作業である。そのためにも、現地語を理解することがきわめて大切なのである。

　次に、日本語を話す人材の育成も重要である。法整備支援に携わる人間が、現地語の習得のために努力すべきことは前述の通りだが、それだけでは決して十分ではない。個人的な努力により現地語を習得したとしても、現地と日本をつなぐ細い一本のパイプであるにすぎないのである。法整備を行い、法律という文化を共有のためには、一本のパイプでは不十分であり、パイプをさらに増やして太いパイプに仕上げていかなければならないのである。つまり、法整備支援対象国にも日本語で日本の法律を理解できる人材を多数輩

出していく必要があるのである。正直に言ってこの日本語教育の必要性については充分に認識されておらず、現実には日本語による法教育のような試みは、現在では名古屋大学の日本法センターが、カンボジアやベトナムなど数カ国で行っているにすぎない。

第7章　カンボジアでの弁護士会支援

第8章 モンゴルでの弁護士会支援

田邊正紀／磯井美葉

1　モンゴル概観

モンゴルは、ご存知のとおりロシアと中国にはさまれた内陸国であり、日本の約4倍の国土に人口約270万人が生活しているのみであり、きわめて人口密度の低い国である。1992年に新憲法を制定し社会主義から脱却して複数政党制を採用し、1996年には実際に共産党が与党の座から陥落している。法制度としては、ロシア法の系譜を引いているが、民法、民事訴訟法などの民事基本法は、ドイツ技術協力公社(Deutsche Gesellschaft für Technische Zusammenarbeit: GTZ)[1]の支援により、ドイツ法をベースにした法制度が採用されている。刑事法分野については、米国国際援助庁(United States Agency for International Development: USAID)が支援を行っているが、必ずしもアメリカ流のものとはなっていない。モンゴル弁護士会は、1928年に創立され、2008年に創立80周年を迎えたが、1992年の憲法改正以前の弁護士は、社会主義体制のもと、主に刑事弁護分野においての経験を有するのみであり、本当の意味での弁護士会として機能し始めてからは20年も経過していないといってよい。

2　モンゴル弁護士会支援の概要

国際協力機構(JICA)によるモンゴル弁護士会支援は、①法律相談・調停センター設立運営支援、②弁護士会運営支援、③弁護法改正支援の3本の大きな柱に分かれている。①については、本書の中で独立して別項が設けられている(第2部第9章)ので、ここでは、②③について述べる。

②弁護士会運営支援は、モンゴル弁護士会自体をカウンターパートとする

もので、弁護士リストの作成および普及の支援、弁護士のための会員情報誌の発行支援、各種委員会の創設・運営支援、継続教育に関する支援に分けることができる。

③弁護法改正支援は、法務内務省をカウンターパートとするもので、弁護士の許可制度・懲戒制度の合理化、弁護士法人制度の整理、弁護士資格を有せずに法的アドバイスを行っているリーガルアドバイザー問題の解消などが、大きな柱であった。

これら支援は、導入部分を田邊が担当し、その後磯井が引き継いだので、本稿も共同執筆となっている[2]。

3　プロジェクトに至る経緯

現地専門家がモンゴルに初めて赴任した当時（2004年）のモンゴル弁護士会は、会員数約800人を誇ってはいたものの、弁護士会としての活動は、年に1度行われる総会が唯一の活動といっていいような状態であり、弁護士の継続教育に関しても、国家機関である国立法律センターが行う裁判官等に対する研修に参加させてもらっているという状態であった。

このような状態で、現地専門家がまず目をつけたのは、市民の弁護士へのアクセス改善と多様な紛争解決制度を提供するための法律相談・調停センターの設立および法律扶助制度の構築支援であった。しかしながら、モンゴル弁護士会からは、このような特定分野の支援に加えて、弁護士会全体の運営支援を行ってもらいたいという強い要望があった。現地専門家としては、当時のモンゴル弁護士会の現状に鑑みると、弁護士会の発展が市民の法的権利を擁護するために必要不可欠であることは十分に理解できたが、JICAの支援は政府開発援助（ODA）の枠組みの中で行われるものであり、また、活動経費の免税などの手続的な点からも、日本政府と先方政府の国際合意に基づき、先方政府機関の責任者の署名を受けて行う必要があったことから、弁護士会のみを直接のカウンターパートとして支援を行うことは不可能であった[3]。また、当時、法務内務省内にオフィスを無償で借りて活動していた現地専門家としても、カウンターパートを弁護士会に切り替えてしまうことは、それまで良好に保ってきた法務内務省との関係を断ち切ってしまうこととなるた

め好ましい選択とはいえないという、困難な問題に直面した。この問題を解決するために、弁護法改正支援という法務内務省所管の法律の改正支援をプロジェクトの一内容とし、モンゴル弁護士会に加えて法務内務省をカウンターパートとすることで何とかJICAの了解を得た。但し、弁護法改正の目玉は、弁護士自治の確立、すなわち許認可権と懲戒権を法務内務省から弁護士会へ移管させることであったから、法務内務省が真意からこのプロジェクトを歓迎していたとは考えにくいというのが田邊の認識である。

4　個別支援の内容

(1)　弁護士リスト（名簿）の作成

　弁護士リストの作成については、弁護士会長からの強い要望があった。現地専門家としては、要望を受けた当初「弁護士リストくらい自分たちで作ればよいではないか」というのが正直な感想であり、事実、当初の面談では支援を断り続けた。しかしながら、弁護士会以外へのインタビューも重ねるうちに、弁護士会自体が会員情報を把握できず、会費の徴収を含めた会の運営で困っているばかりではなく[4]、リストがないことで本当に困っているのは弁護士情報を入手できず弁護士にアクセスできない市民であることが理解できてきた[5]。そこで、弁護士会が調査の上で最新の情報を掲載することを条件に、弁護士リストの印刷を支援することとした。

　完成した弁護士リストは、各裁判所、警察署、検察庁、拘置所、県庁、市役所、区役所、弁護士会各支部に常置することとし、利用方法を説明したポスターも同時に作成した。なお、弁護士リストを各機関に配布する際には、利用者にサインを求める一覧表を添付した。これは、表向きは利用者数の把握のためという理由で添付したが、受領した機関にきちんと常置して市民に利用させるプレッシャーをかけることが真の目的であった。弁護士リストを配布した後に、いくつかの裁判所や警察署をチェックしたが、おおむねきちんとポスターが貼られ、リストも利用されているようであった。

　弁護士リストの完成により、会内向けの効果としても、会員情報が最新のものに更新されたことで、会費の支払いが長期間滞っている者に対しては、催告をした上で、法務内務省に資格の取り消しを申請するなどして会員情報

の整備をすることができた。これらにより、数十名に及ぶ会員が資格を取り消された一方、資格試験の実施によって新しく登録した弁護士も増え、2008年11月時点の弁護士会の会員数は、1,006名となった。このうち839名が首都ウランバートルにおり[6]、残り167名が各県の県庁所在地にいる。

(2) 会員情報誌の発行

　会員情報誌の発行は、現地専門家の発案にかかるものである。弁護士会側からは、当初、市民向けの情報誌の発行支援を強く求められた。しかしながら、現地専門家としては、弁護士会の市民向けの情報発信は、最終的には重要であるが、会員の帰属意識も参加意識も低く会員間の情報共有も全くといってよいほどできていない当時のモンゴル弁護士会では、市民向けの情報を発信しても市民のニーズにこたえることはできないと考えられたため、会員情報誌を発行することを強く説得した。

　これとともに意見が対立したのが、全会員向けに無料配布するか、希望者のみに有料配布するかという問題である。当時、「有益な情報は有料である」という意識が浸透しつつあった法曹界においては、会員情報誌も有料とすべきとの意見が強かった。しかしながら、これを有料として、特定の会員に販売したのでは、帰属意識や参加意識の醸成および会員間での情報共有という会員情報誌の役割は全く果たさなくなってしまう。また、弁護士は、弁護士会に対して会費を支払っているのであるから、会から情報を受け取るのは対価としての側面があり、無料配布しても有益な情報は有料であるとの流れに逆らうものではないと考えられた。この点についても、現地専門家がいわば強引に説得したが、発行後の評判はきわめて良好であったというのが田邊の認識である。

　この支援は活動がプロジェクト化された後も続けられ、磯井の認識でも、弁護士の弁護士会への帰属意識、弁護士および弁護士会の公的役割に対する意識を高めるのに役立ったと思われる。さらに、裁判所や検察庁、法務内務省などをはじめとする外部の関係法律機関にも配布されることによって、弁護士や弁護士会の存在を対外的にアピールする役割も果たした。一方、別途、有料の定期購読方式で発行されていた雑誌「法の支配」の編集者からは、会員情報誌が弁護士や法律機関に無償で配布されることによって、有償の出

版物に悪影響を及ぼしているとして批判を受けたこともある。内容や誌面の雰囲気も大きく異なっており、また、特に弁護士に対する配布は、会員に対するサービスでもあることを説明したが、納得は得られなかった。

　会員情報誌については、短期間でJICAの支援から脱却して自立発展してもらう必要性があったことから、当初から広告を掲載するという方針であった。発刊当初は、モンゴル国内では富裕層に属する弁護士に対して配布されることもあり、いわゆるご祝儀的広告掲載希望があったが、長続きはせず、その後、広告営業用の人員を歩合制で雇うなどの手段もとったが、広告はそれほど増えず、結局あまり定着しなかった。しかし、プロジェクト終了後も、弁護士会の財政によって出版は続けられている。なお、愛知県弁護士会が、2008年9月に、モンゴル弁護士会創立80周年記念パーティー参加およびモンゴル弁護士会との友好協定締結のためにモンゴルを訪問した際には、会員情報誌発行のために多額の寄付を受けた。

　会員情報誌作成には、弁護士会で雇い入れた編集者が1名おり、弁護士会の実施した研修や弁護士の受勲、外国法曹の訪問などの各種のニュース、会員である弁護士のインタビュー記事のほか、弁護士による持ち込みの論考などが掲載された。また、最高裁判所による法令解釈[7]も掲載された。当初の2号は表紙のみがカラーで、中身は白黒であったが、その後、モンゴル弁護士会の強い要望により、中身もカラーとされた。現地専門家からは、カラー印刷に経費をかけるより、中身の充実と、確実に各会員の手元に届けることに力点を置くべきと主張したが、弁護士会は譲らず、また、専門家の通訳兼アシスタントのモンゴル人からも、モンゴルでは日本に比べ見栄えが重視される傾向があるため、やむを得ないのではないかとの意見もあった。

　モンゴルでは、毎月の会員情報誌を各会員の手元に届けることも大きな課題であった。会員向けのサービスということで無料配布しているので、確実に全会員の手元に届けるべきと考えたが、郵便制度はそれなりには存在するもののあまり利用されておらず、会員の方から弁護士会の事務局にとりに行く方式となった。地方支部の会員は、誰かが首都に来る用事があるときに、弁護士会に立ち寄って、支部のメンバー分を、ときに2カ月分まとめて受け取っていくという状況であったが、むしろ、首都の弁護士でまったく弁護士会に立ち寄らないメンバーには、なかなか届けることができなかったのではないかと

思われる。一方で、この方法も、多くの弁護士にとっては、会員情報誌を取りに行くために弁護士会に立ち寄るきっかけを与えることになり、弁護士同士の交流や情報交換の強化、会の活動の活性化につながる効果もあったようである。

　首都の弁護士に対する配布の関係で、弁護士会に、日本の弁護士会のようなレターケースをおくことも提案し、一定の支持を得たが、日本と異なり盗難や紛失のおそれが高いといった事情や、設置場所などの課題もあり、プロジェクト期間中には実現しなかった。

(3) 弁護士会運営に関する研修

　弁護士会強化計画プロジェクト期間中の2007年1月には、本邦研修（日本国内で行う研修）の仕組みを使い、弁護士会運営研修を実施した。弁護士会長、弁護士会管理委員会から2名、法務内務省の担当職員1名の合計4名が参加し、1月16日から30日の期間中、実質10日間を愛知県弁護士会に受け入れていただき、2日間は東京で日弁連などの関係機関を訪問してもらった。

　市民に対する弁護士制度の広報や、法律相談などの市民サービス、会員情報誌を通じた会員向けのサービスなどは、プロジェクトでも取り組んでいたが、そのほかにも、弁護士リストの整備活動と関連して、会費をどのように徴収し、滞納をどのように防ぐか、弁護士会としての建物や会議室をどのように確保するか、弁護士会そのものの運営や意思決定をどのようにするか、といったことも問題となっていた。このような幅広い関心に基づく要望を愛知県弁護士会に伝えたところ、様々な委員会の活動を非常にわかりやすく紹介してもらうことができ、大変有意義なプログラムとなった。

　たとえば会費の徴収に関して、モンゴルでは銀行の自動送金が一般的でないことや、郵便等の情報伝達手段が日本のように発達していないために、会からの通知や総会の招集などを全会員に正確に届けることが難しいなど、法制度以外のインフラレベルの違いのために、解決の困難な課題も多いが、日本で日常的な組織運営が行われている様子を実際に目で見ることができたのは非常に有益であったと思う。

　この研修から帰国した後、参加者の一人が提案して、モンゴル弁護士会首都支部に未成年者保護委員会が結成されることとなった。自由化、市場経済

127

化により、モンゴルの社会や家族関係は急速に変化しており、中には、離婚や、片親が外国へ出稼ぎに行く、あるいは失業してアルコールに溺れ家族に暴力を振るうなどの現象も増加し、適切な養育を受けられなくなった未成年者の保護や、未成年者に関する犯罪の予防が問題となっていたためである。また、その約1年後には、未成年者保護委員会のほかにも9つの委員会が立ち上がることとなった。

(4) 委員会運営支援

　モンゴル弁護士会には、2007年1月の本邦研修以前は、管理委員会、懲戒委員会といった、内部の運営に必要な委員会はあったが、それ以外の委員会は存在していなかった。プロジェクト期間中の2008年4月に、モンゴル弁護士会の首都支部内に、10の専門委員会が立ち上がった。特に現地専門家から提案したわけではないが、前述の弁護士会運営の研修などで得た情報を参考に、会内の自主的な発案により行われたものである。

　作られた委員会は、業務対策委員会、広報委員会、国際交流委員会、財政委員会、弁護士利益保護委員会、倫理委員会などの、弁護士会そのものの活動活性化のための委員会のほか、公共利益弁護委員会、未成年者保護委員会、被害者保護委員会、法律実施モニタリング委員会といった、対外的な公益活動を行うものも含まれた。現地専門家も、弁護士会の会議室での委員会の様子を見に行ったり、招かれて、被害者支援制度や少年手続など、日本の制度の紹介をしたりした。

(5) 継続教育

　継続教育として、弁護士に対するセミナーを数回実施した。主な内容は、法曹倫理のほか、国際人権規約や担保制度など、モンゴルの法律家から提示されたテーマもある。

　日本人の短期専門家による講義形式であり、現地の法律や実務に関するテーマは扱いにくかったが、モンゴルが今後参考にしていくべき新しいテーマについて、有益な情報を提供できたと考えている。

　継続研修の枠組みそのものに対しては、弁護士会から年間計画などの詳しい情報をなかなか入手できずにいたが、プロジェクト期間中に、法律家の養

成に関する法改正があり、資格取得後の研修制度も新しく整備されることとなった。つまり、モンゴルでは、法律分野の研修は、それまでも、世界銀行の借款により設立された法務省の下部機関の国立法律センター（2009年に国立法律研究所と改名）において行われていたが、2009年から、弁護士を含む法律家は一定数の研修を受けてクレジットを取得することが、法律家の選考に関する法律によって定められた。

(6) 弁護法改正

弁護法は、日本の弁護士法に相当する法律である。当時のものは2002年5月に改正されたものであるが、いくつかの検討課題が生じたために、改正論が起きていた。法務内務省が起草を担当し、法務内務省次官を筆頭に、弁護士やその他の法律家、学者などを含めたタスクフォースを立ち上げて草案を検討していた。主な論点は後述のとおりであり、田邊、磯井両専門家が、それぞれ赴任中に改正案に対してコメントをしたが、その間、複数回の法務大臣の交代とそれに伴う方針の変更、他の政治的優先課題との関係もあり、結局、2008年11月の弁護士会強化計画プロジェクト終了時には、改正案はまとまらなかった[8]。

改正検討過程で問題となったのは、法務内務省に帰属していた弁護士資格の認定・取消の権限を弁護士会に移すかどうか、会社、NGO、組合法人など各種の形式で設立されている法律事務所の形態をどのように整理するかといったことであった。また、このほか、総会の開催頻度や弁護士会長の職務と位置づけなどについてもコメントを行っている。

弁護士資格に関しては、法務内務省の立法担当職員とも意見交換したが、法務内務省から弁護士会に移すことでおおむね意見の相違はなかった。

弁護士が複数の共同事務所を開設する場合の法人形態については、日本の実務や、日本で比較的新しく創設された弁護士法人の制度なども紹介した。特に、営利法人である会社形態は、弁護士の公益的性格からは好ましくないのではないかとの提言を行った。一方、この問題は、モンゴルの法人税制の問題とも関連があり、当初、現地専門家は、弁護士は公益的な業務も行うが、同時に利益を得る活動もしていることから、内部の構成員で利益を配分する組合法人形式が適しているのではないかと考えたが、非課税のNGO

形式で事務所を運営している弁護士からは反対意見も多く出た。モンゴルの税務の実務が公平かつ合理的なものとは言いがたい背景もある一方、同じ弁護士といっても、外国留学経験があって外資系企業から高い報酬を得ている者と、国内の個人を相手にした零細の弁護士とは、日本以上にその差が大きいこともあるため、一律に適用できる適切な形態に統一するのは難しい問題である。

　また、活動期間中に見た草案には、時期によって、「弁護士が弁護活動を通じて依頼者が犯罪行為を行っていることを知った場合には、その弁護士に当局に対する通報義務を課す」という趣旨の規定が含まれていることがあった。このような規定は、弁護士の守秘義務の観点から問題があることを伝えたが、社会の安全のためにはこの規定が不可欠だと主張する意見も根強かった。この点は、法曹倫理に関するセミナーでも現地の弁護士たちと議論になったが、弁護法の規定の有無にかかわらず、刑法の中で、一般的に、犯罪事実を認識した者は当局に通報すべきであり、それを怠った場合には、それ自体が犯罪とされるという規定があるという反論も出た。

　コメントにあたっては、現地専門家が日本や各国の弁護士制度を踏まえて意見を提出したが、一番の利害関係人であるモンゴルの弁護士からの意見聴取も行うように努めた。仮に日本で弁護士法の改正論議となれば、日弁連や各地の弁護士会が意見を集約して提出するのではないかと思われることから、モンゴルでも、今後弁護士会がこのような法律の改正・制定や実務の運用指針の策定などに際して、弁護士を代表して提言を行う機能を果たせるようになってほしいという思いであった。時を同じくして、弁護士リストによって会員の特定ができつつあり、会員情報誌も発行されるようになっていたため、現地専門家が寄稿して議論のポイントを紹介したり、改正法案の情報を提供したりもした。

5　プロジェクト終了後

　弁護士会の活動の強化を直接の目的とした支援は、2008年11月をもっていったん終了した。ただし、その後2010年5月から、弁護士会の法律相談・調停センターの活動を、裁判所の訴訟手続と連携させるためのプロジェクト

が開始したため、引き続き弁護士会に対する支援が行われている。

また、プロジェクト終了間近の2008年9月には、愛知県弁護士会がモンゴル弁護士会と友好協定を締結し、弁護士会同士の交流関係が続くこととなった。

6 まとめ

弁護士が、その国の司法制度の発展や人権保護に大きな役割を果たすものであることには疑問はない。多くの途上国や、社会主義体制からの移行国では、弁護士が国家の強い管理下に置かれていたそれまでの状況が大きく変化するとともに、市民間の経済活動の自由化、活性化により、弁護士の役割そのものも大きく広がっている。

日本の弁護士会は、各国と比較しても活動が非常に活発であり、市民からの信頼も厚いといってよく、そのような日本の弁護士や弁護士会が、途上国や体制移行国の弁護士に対して支援をすることで、日本の弁護士の職業倫理やプロボノ精神に触れてもらうこと、あるいは弁護士自治について理解してもらうことの意義は大きい。

他方、このような支援は、日本の弁護士にとっても、弁護士や弁護士会の役割についてあらためて考えるきっかけとなり、学ぶことの多い貴重な機会である。

弁護士会は、国にもよるが、基本的には政府から独立した機関であり、また、会員組織であって上意下達の組織ではないことなどから、ODAによる支援には、一定の工夫が必要な場合もあるが[9]、市民の司法アクセス確保、適切な司法手続による人権確保のためには弁護士の機能および能力の強化は不可欠であり、今後も配慮が必要である。

1 2010年にDeutsche Gesellschaft für Internationale Zusammenarbeit (GIZ) と改名。
2 田邊は個別専門家（法務内務省アドバイザー）として2004年3月から2006年6月まで赴任し、磯井は、田邊の活動を受けてデザインされた法整備支援プロジェクト（弁護士会強化計画）の長期専門家として、2006年9月から2008年11月まで赴任した。
3 弁護士会に対する支援は、本件のように、法務内務省や司法省、裁判所などの政府機関を引き入れる方法で実施することがある。

4 弁護士の登録情報は許認可時に法務内務省が把握するのみで、情報更新はまったくなされていなかった。
5 市民が弁護士を探す場合には、知り合いの伝手をたどるか、弁護士会に電話をするくらいしか方法がなかった。
6 なお、首都で登録している資格保持者のうち、実際に弁護士業ないし関連する職業で生活している者は、推定で半数強から3分の2ぐらいではないかと言われている。弁護士会費は年間で約120ドル(12,000トグログ)と安価なため、資格を維持する一方、市民の間に、まだ報酬を払って弁護士を活用する傾向が低いことから、工場経営や金融業など、まったく別の業種で生計を立てている者が多く存在するのである。
7 モンゴルの最高裁判所は、具体的な事件について判決を下す以外に、国会で成立した各種の法律について、法律の文言だけでは不明確な問題が生じた場合に、一般的抽象的な解釈を発行している(憲法50条4項)。
8 その後、2010年11月に改正弁護法の草案が国会に提出されたようである。が、結局法案は成立せず、2011年になって、弁護士会とは別に、裁判官や検察官等も含めた「法律家協会(Bar Association)」を公的に設立する議論が持ち上がり、2012年1月、「法律家の地位に関する法律」が成立した。
9 詳細は磯井美葉「弁護士会に対する支援の意義と課題」法律時報82巻1号(2010年)46頁も参照。

コラム

法廷傍聴——モンゴル

田邊正紀

　私は、モンゴル赴任当初、次期プロジェクト発掘のために多数の法廷を飛び込みで傍聴した。モンゴルでも、法律上「裁判は公開する」とされている。しかしながら、私がスムーズに法廷までたどり着けたことはほとんどなかった。いくつかの裁判所で起こった悪いパターンを寄せ集めると以下のような感じである。

　まずは、裁判所の入り口で「身分証の提示を求められる」「傍聴の目的を聞かれる」。この辺りまでは、裁判の公開を標榜している日本の最高裁判所でも行われており、施設管理権で説明ができないわけではない。そして、受付職員からお決まりのパターンで「裁判長の許可を得るように」言われる。本人たちは、許可をもらえば見られるのだから、ドイツの制度と同じだと主張するが、真偽のほどは定かではない。裁判長は、真面目な顔つきで「今回の事件は被告人が多数だから傍聴できない」「裁判の途中からは傍聴できない」「当事者の了解を得ていないから傍聴できない」「民事事件は見てもつまらないから見ない方がよい」など、もっともらしい傍聴制限の理由を述べる。しかし、ここで引いたらモンゴルでは裁判など見られない。何とかごねて法廷に行く。と、法廷の入り口に「関係者以外立入禁止」と書かれていた。誰も傍聴しないはずである。

　傍聴席で待っているが、なかなか裁判は始まらない。通訳に理由を聞くと、弁護士が遅れているとのこと。この辺りは、日本もモンゴルのことは笑えない。いよいよ裁判が始まった。しかし、弁護士は新聞を広げて読み始め、携帯電話が鳴ると手帳を取り出して話し始めた。書記官は、目の前におかれたパソコンでトランプゲームに興じている。かと思うと、今度は、合議体の1人の裁判官が出て行ったきり戻ってこないまま裁判は進行していく。彼らの前で、弁護士のついていない原告がヒステリックに叫んでいる。これが私の垣間見たモンゴルの裁判である。

　なお、モンゴルで行われたある世論調査によると、弁護士を信頼できると答えた人が20％[1]、裁判官を信頼できると答えた人が16％[2]である。さて、この現状をどうやって改善したものか。

1　なお、信頼できないは36％。
2　警察官を信頼できるとしたのは18％であり、裁判所への信頼はこれより低い。

第9章
モンゴルでの調停制度導入支援

田邊正紀／磯井美葉

1 支援の概要

　モンゴルに対する調停制度の導入支援は、弁護士会に対する支援の一環として開始された[1]。2004年4月から2006年6月まで現地に赴任した個別専門家のもとで、モンゴル弁護士会が、日本の一部の弁護士会が設立しているあっせん仲裁センターに類似したものを開設したいと要望したのがきっかけである。その結果、2006年5月に、モンゴル弁護士会内に法律相談・調停センター（以下「センター」とする）が設置され、2006年9月から2008年11月まで実施された弁護士会強化計画プロジェクトの活動に、センターの運営支援も含まれることとなった。さらに、このプロジェクト期間中に、モンゴルの裁判所が、弁護士会のセンターで行われていたあっせん・調停手続に関心を持ち、さらなる活用と、訴訟手続との連携を要望したため、国際協力機構（JICA）は、2010年5月から2012年11月の予定で、裁判所と弁護士会をカウンターパートとした調停制度強化プロジェクトを実施している。

2 モンゴルにおける代替的紛争解決手続（ADR）事情

　モンゴルにおいては、日本の裁判所の調停のような制度はなく、話し合いと合意による紛争解決を直接目的とした制度としては、弁護士会のセンターが初めての試みであった。裁判所における訴訟上の和解も、あまり積極的に活用されているとは言いがたく、当事者間の主導にまかされていた[2]。むしろ、法廷外で当事者の言い分を聞くようなことは、裁判官の中立を害するため、禁止されているという解釈が根強かったのである。ただし、地方の裁判所などでは、裁判官が積極的に当事者に介入し、和解を成立させているという報

告もある。ほかに、社会主義時代から存在していた仲裁裁判所では、2003年の仲裁法改正以後、国内の当事者間の取引に関わる紛争も扱えるようになり、全国で年間数十件の事件を受けている。事件によっては仲裁人が和解をあっせんすることも行われているようである。

なお、日本では「調停」というと法的には裁判所における調停手続を指すが、本稿では、モンゴルにおいて導入された当事者間の話し合いと合意による紛争解決手続を便宜上「調停」と呼んでいる。

3　弁護士会の法律相談・調停センターへの支援

(1)　調停制度導入支援

モンゴル弁護士会に対する調停制度導入支援は、2005年4月に開始され、2006年5月にセンターを開設して最初の試行調停を行うまでの約1年間に、センター運営規則の作成、日本から短期専門家を招聘した調停人育成セミナーの開催、調停人ハンドブックの作成、センターの物件確保、内装工事などを行った。

調停センター規則については、当事者から徴収する調停費用が一番の問題であった。これが高額であれば、利用の促進はままならず、かといってあまりに低額であればセンターの運営費用が捻出できないためである。結局、申立手数料は10,000トグログ（約10ドル）、成立手数料は金額により成立金額の20パーセントから6パーセントとなった。

センターの場所は、モンゴル弁護士会の一画ではなく、外部の民間のビルの一室を賃借することとなった。もともと、弁護士会（モンゴル弁護士会およびモンゴル弁護士会首都支部）が、ウランバートル市内の区の検察庁の建物のワンフロアに間借りしている状況であったので、調停センターを置くようなスペースは弁護士会の中には存在しなかった上に、市民にアクセスしやすいような場所が望ましいとされたためである。賃料は弁護士会が支払うことになっていた。このような固定経費は、本来カウンターパートが負担すべきものであり、それができないならば、プロジェクトによる支援が終了した時点で活動そのものが停止してしまうおそれが高まるため、自立発展性の観点に鑑み、支援しないのがJICAの方針とされているためである。

家具などの備品や内装工事はJICAの支援によってまかなわれ、受付と事務スペースのほかに、防音にも配慮した調停室が1つ設けられ、楕円形のラウンドテーブルと椅子10脚が設置された。なお、これらの費用負担についても、JICAは当初消極的であった。政府開発援助（ODA）による箱物支援に対しては、近年強い批判があるが、サービスを提供するための設備が必要な場面は多く、一律に否定すべきではない。必要性や効用を吟味したり、知的支援と組み合わせたりすることで、かえって全体の効果が高まることもある。

　ハンドブックの作成は、最も時間を費やした部分であり、モンゴルの法曹が調停について全く未経験であったことから、調停の手続的事項はもちろん、調停人の公正を疑われないための行動基準、話し方・聴き方の工夫、説得技術まで含んだ広範な内容のものとなった。ハンドブックの中で、日本の調停や弁護士会の紛争解決センターと異なるものとなったのが、当事者の呼出方式と面談方式の点である。モンゴルでは、調停は初めての試みであったため、市民は調停制度について全く知識がなく、「調停」というモンゴル語さえ存在しない状態で制度が始まることから、手紙の呼出状など送っても、受け取った市民は、調停が何のことだか認識できないであろうことは容易に想像できた。また、郵便制度はそれなりに存在するものの、手紙という手段はそれほど広く利用されていない。そこで呼出手続については、申立人からの説得、手紙による呼出はもちろん、調停人からの電話や最終的には調停人自身が出向いて参加を呼び掛ける手続まで想定した規定となった。面談方式については、個別面談方式を原則とする日本とは異なり、同席方式を原則とする規定となった。これは、調停制度や調停人に対する信頼が醸成できていない段階では、当事者は、自分のいないところで話が進むことに大きな不信感を抱くであろうと考えたことが理由である。

　調停制度は、モンゴルでは全く初めての挑戦であり、市民に対しては、利用を促すよりも先に、調停が何であるかということから広報を行う必要があった。センター開設当初は、バス停付近への掲示板の設置、新聞広報、現地専門家がニュース番組に出演するなどして広報を行ったが、当然のことながらすぐに結果が出るものではなく、田邊が離任するまでの約1カ月間で調停センターが処理したのは、JICA関係者を申立人とするもの1件のみであった。

(2) プロジェクト開始時

　2006年6月に田邊が離任し、2006年9月に磯井が赴任するまで、約3カ月間日本人専門家が不在となり、かつ、モンゴル特有の長い夏休みを経たこともあって、ほとんど事件の依頼はなく、交代でセンターに詰めるはずの調停人も来なくなっていた。

　そこで、2006年秋には、あらためて調停人の選任を行うことになり、弁護士会長と共に面接をして、4名の弁護士を選任して、調停人10名の体制に戻すとともに、事務局長となる人材を選任した。新しく調停人になった者には、現地専門家から小規模のセミナーを実施して、調停の概念や、実際に調停を行うにあたって気をつけるべきことをまず伝えた。

(3) 広報支援

　センターの活動再開とともに、広報活動も再開した。センターの存在と、新しい試みである調停手続について、一般市民のみならず、法律家にも宣伝する必要があった。

　広報には、パンフレットやポスターの作成、テレビコマーシャルの作成、雑誌や新聞広告の掲載など、様々な方法を用いた。

　当時、ドイツ技術協力公社(Deutsche Gesellschaft für Technische Zusammenarbeit: GTZ)[3]が、法務内務省と協力して、毎週1回、法律の内容や裁判手続などを紹介する「法律の時間」というテレビドラマシリーズを放送しており、人気を得ていた。そこで、このシリーズの枠を2回分買い取って、調停に関する広報ドラマを作成することとした。1回目は貸し金返還の調停事件、2回目は土地所有権に関する紛争を扱い、モンゴルの法律家のコメントも得ながら事例を練った上で、毎回シリーズを作成しているチームに脚本化と出演を依頼した。

　新聞記事の掲載や、テレビドラマの放映の後は、特に相談や調停に訪れる人が増えるなど、効果が高かった。具体的な事例を示しながら、調停センターの役割をじっくり説明することのできる手法の効果が高かったようである。

　また、弁護士会強化計画プロジェクトの中で支援をしていた弁護士会の会員情報誌にも、適宜、現地専門家が書いた調停に関する記事や、モンゴル人の調停人が調停手続や事例を紹介した記事を継続的に掲載した。

また、日本人の短期専門家を招いて、弁護士などの法律家を対象にした調停セミナーを行った。これによって、調停人以外の一般の法律家にも調停センターの存在を知ってもらい、代理人として事件を持ち込んだり、事件の相談があったときにセンターを紹介したりしてもらえることを期待したが、弁護士が代理人として受任した事件を調停センターに持ち込む事例にはなかなかつながらなかった。代理人のいる場合は、弁護士費用のほかに調停費用がかかってしまい、訴訟より費用が高くなることや、セミナーに出席した弁護士が、むしろ自分で和解のあっせんをやりたがったことなどが原因と考えられる。

(4) 受任件数と事件記録

　これらの広報・普及活動により、2006年11月から2008年11月までの間に、法律相談は月平均30件から40件あり、また、同期間中にセンターで扱った調停事件は記録の残っているもので31件となった。うち、調停が成立したものは12件である。

　事件は、貸金返還などの金銭請求がもっとも多く、ほかに、売買契約、労働事件、不法行為による損害賠償請求、離婚事件などがある。

　なお、これらの実績の把握もなかなか容易ではなかった。弁護士10名が平日5日間の交替制で担当するため、人によっては相談や申立を受けていても、きちんと記録されていない場合もあった。後日の相談者や関係者からの問い合わせに対応する必要が生じる場合もあり得るし、センターの活動は新しい試みであり、各方面からの注目も高かったこと、支援している広報の効果をチェックする必要もあったことなどから、記録のための書式やアンケート様式なども、調停人たちと相談して作成するとともに、受理したものの記録はきちんとつけてもらうように、現地専門家が再三、依頼と確認に行くこととなった。

(5) 調停人のための研修

　センターの調停人のために、2007年2月と2007年10月には、日本での研修も実施された。いずれも期間は10日間程度で、日本弁護士連合会に委託し、弁護士会の紛争解決センターの見学や、東京地方裁判所の調停部の訪問のほか、調停委員の経験のある弁護士や調停を専門とする研究者により、調停技法や調停人の倫理等に関する講義をしてもらった。

1回目の研修では、センターの調停人・スタッフから7名に加えて、裁判官3名、また、法務内務省管轄の国立法律センター[4]の研究者2名の合計12名が参加した。2回目の研修では、センターの調停人・スタッフのうち残りの5名と、裁判官3名の計8名が参加した。裁判官を加えたのは、民事紛争を解決するシステムとして、日本では、訴訟手続のほかに、裁判所内の調停や裁判所外のあっせん仲裁などのADRも利用されており、当事者の選択や紛争の性質に合わせて、様々な選択肢があることを、裁判所側にも理解してもらう必要があると考えたからである。裁判官は各回3名ずつ含めたが、一審、二審、最高裁の各裁判所で、民事事件を主に扱っている裁判官を参加させるように裁判所に依頼した。また、国立法律センターの研究者を加えたのは、同センターが、裁判官、弁護士、検察官、公証人などの法律家に対する研修を、各関係機関と協力してまとめて実施することになっており、すでに現地セミナーなどでは協力を得ていたが、今後、さらに調停を広めていくためには、この機関のさらなる理解と協力が不可欠だったからである[5]。

　この結果、モンゴルの裁判官や研究者にも、モンゴル弁護士会がこのようなセンターを設置していることと、日本では裁判所内外で和解や調停、当事者の合意による紛争解決が広く利用されていることを認識してもらうことができた。研修終了後には、一部の裁判官から、裁判所とセンターの連携協力について具体的な提案があり、裁判所の事件受付にある情報センターに訴訟提起の相談に来た人に対して、弁護士会のセンターの情報を提供してくれることになった。

　また、裁判所の中でも、調停や和解に関する日本の制度や、モンゴルにおける日本の取り組みに対する理解が広まり、その後、モンゴル国最高裁判所から日本政府に対して、弁護士会のセンターの機能をさらに強化するとともに、訴訟手続とのより強い連携を検討する支援が要請され、2010年5月の調停制度強化プロジェクトの開始につながった。

4　センター支援に関して生じた課題

(1)　センターの賃料問題

　磯井が赴任し、新しく調停人を選任した後間もなく、モンゴル弁護士会が、

それまで何とか支払っていた月約350ドルのセンター建物の賃料を支払わないと言い出した。弁護士会のセンターなのだから、支払うようにと何度も申し入れたが、結局結論は変わらなかった。

プロジェクトで支援した方がいいのではないかとも考え、JICAモンゴル事務所の担当者にも相談したが、前述のとおり自立発展性の観点から、支援はできないということになった。

その後、所属する調停人10名が、賃料を分担して工面したりしていたが、あるとき、センターの事務局長が、スポンサーを見つけてきた。ジャーナリスト連盟と月々の顧問契約を結び、記事の対象とされた人との間で起こる名誉毀損等の紛争に関して、調停を行ったり訴訟対応をしたりするというのである。通常の営利企業ではなく、非営利の団体だからいいのではないか、というが、当時、調停に関する理解も浸透していない段階で、弁護士会の調停センターが、特定の当事者と顧問契約を締結し、事件をまとめて受けるのは、調停センターの中立性に対する信頼を損なうと思われたので、これは残念ながら中止してもらった。

この後、弁護士会が新しい建物を取得する計画が持ち上がり、新しい建物の中に調停センターの場所も確保されることになったため、それまでの期間限定としての支援であれば、自立発展性を損なうおそれも低いということで、2008年4月から同年9月までの間、プロジェクトから賃料を支援することとなった。

弁護士会のセンターは、通常の法律事務所とは異なる公的な位置づけのものであるため、所属する調停人が賃料を分担して支払うような事態はできるだけ避けるべきであったと考えている。一方で、日本のように、すべての弁護士が法律事務所を設置してその住所を登録しつつ、別途弁護士会の法律相談や紛争解決センターの仕事をするのとは異なり、モンゴルの場合、特定の事務所を持たずに、携帯電話のみで仕事をしている弁護士も一定数存在する。調停人の中にも一部そのような者は存在し、彼らは自分の当番日以外にも、調停センターに出勤して、自分の仕事をしていることがあった。このような実態から見れば、多少の賃料負担はやむを得ないとの意見もモンゴル弁護士会内には根強かったようである。

しかし、センターの看板にはJICAのロゴが入っていたため、対外的には日

本の支援を受けているとの印象を与えており、利用者から利用料金を回収できないことも少なくなかったことや、調停人たちは、大きな収入の期待できないセンターの業務に対し、新しい制度を作るのだという意気込みで熱心に参加してくれたことを考えても、公共性・中立性を保つために、期間限定でプロジェクトから支援をしたのは適切であったのではないかと考えている。

なお、センターは一部メンバーの交替があったが、2012年9月現在も、所属調停人が賃料を分担して活動を続けている。

(2) 一般法律事務所による調停業務の問題

弁護士会の調停センターの中立性という問題に関連して、もうひとつ検討すべき課題となったのは、調停センターに所属しているわけではない弁護士が、自分の法律事務所の業務のひとつとして「調停をやります」という看板を掲げ始めたことであった。このような純粋に民間の調停人は、日本ではまだあまり存在しないが、米国などでは利用されている。

しかし、これはやはり、弁護士の代理人としての役割と、調停人の中立的な立場に混同が生じるおそれが高いのではないかと考えられた。特に、センターへの支援は、弁護士会強化計画プロジェクトの一環として行なわれていたが、同じプロジェクトの活動で法曹倫理のセミナーを実施し、利益相反の問題として、法律相談を行なったことのある依頼者の相手方の代理人になることは許されない、と指摘していたが、十分な理解を得られていなかった。かつ、モンゴルにおいては、民事事件における弁護士の役割は、市場経済化によって拡大したばかりで、まだ一般市民どころか弁護士自身にも、利益相反や守秘義務の意義が浸透していない段階でもあった。このため、この時点で弁護士事務所による調停を認めると、結果的に弁護士の役割に対する信頼も、調停に対する信頼も両方損なわれてしまうのではないかと考えられた。加えて、これが広まってしまうと、弁護士会にセンターを設立した意義が薄くなってしまうという実際上の問題もあった。そこで、この問題は、弁護士会や調停センターとも協議し、弁護士会の規則で、調停センター所属以外の弁護士が、自己の事務所で調停業務を行うことを禁止することとなった。

なお、2012年5月に成立したモンゴルの調停法（後述）では、民間の調停も自由にできることとなっている。

(3) 法律相談と調停の関係

　当初、センターは、法律相談と調停の両方の業務を行うこととされていた。また、実際にも、調停事件はごくわずかであり、一般の飛び込みの法律相談業務の方が中心であった。

　しかし、調停と法律相談を合わせて行うと、法律相談を受けるためにセンターを訪れた利用者が、調停の申立を勧められ、そのまま調停手続に移行し、相談を受けた弁護士が調停人になる、ということが起こる。しかし、先に一方当事者の立場で相談を受けた弁護士が、そのまま調停人に就任することには、前述のように、利益相反、中立性の観点から問題があると思われたため、センターの調停人には、法律相談で事件が調停に適していると思ったら、センターのほかの弁護士を調停人として紹介するように提言し、メンバーからは理解を得たが、相談者の理解が得られないこともあり、あまり徹底できたとは言い難い。

　この点について、後に弁護士会の建物取得を目前に控え、センター規則を改正した時点で、法律相談センターの機能と調停センターの機能を分けることにしたが、その後、結局のところ、2012年1月までの状況では、弁護士会の建物内にある法律相談センターと調停センターはあまり活用されておらず、引き続き元の調停センターにおいて、調停とともに、法律相談や代理業務が行われている。

(4) 手数料の回収

　センターでは、当事者から、手数料を申立時と成立時の2段階で受け取っていたが、申立手数料については、支払わない利用者や、減額を求める利用者がおり、時には応じざるを得ないこともあった。入り口の看板にJICAのロゴがあるために、国際機関の支援を受けた無料の相談機関と認識されてしまうことも多いということが判明したため、パンフレットやポスター、室内の備品につけたロゴはそのままにしたが、看板からはロゴを消すことにした。このほか、成立手数料に関しては、調停人によれば、時間をかけて当事者の話し合いを取り持ったあと、合意が成立しそうになった段階で、当事者と連絡がとれなくなってしまうことがあり、おそらく、成立手数料を節約するために、当

事者同士で合意をしていると思われるケースも少なくないようである。また、得られる費用に比べて調停人の負担が重い場合が多いため、調停人の数を増やして事件を広く分担するとともに、プロボノ活動の意味合いを強める、期日手数料を導入するなどの選択も今後考えられる。

5 まとめ

　ADR、特に、当事者間の合意によって紛争を解決する調停制度を適切に構築することは、経済や社会の発展とともに民事紛争の増加、多様化の見込まれる多くの途上国において、大きな意義を有するといえる。また、話し合いと合意による紛争解決のニーズのない社会はない。一方、柔軟な手続であるがゆえに、そのデザインには様々な選択肢があり、社会のインフラや市民の意識によって、その国ごとに適した形があると考えられる。社会によっては、紛争のもみ消しや一方当事者に不利な合意を防ぐ配慮が強く求められる場合もある。

　モンゴルでは、2010年5月から2012年11月まで2年半の予定で、裁判所と弁護士会をカウンターパート機関として、調停制度強化プロジェクトが進行中である。同案件では、首都と地方（モンゴル第2の都市であるダルハン市）の一審裁判所管轄区域をパイロット地域とし、同裁判所内で、ワーキンググループにおいて検討した業務フローに従い、調停を活用した紛争解決を試行している。この活動を通じて、モンゴルに適した調停制度を設計し、将来的に全国展開を検討することが予定されていたが、2011年には、大統領の主導する司法改革の一環として、調停法案が国会に提出され、議論を経て2012年5月に成立した。実施は2013年5月からであるが、日本の調停とは異なり、各一審裁判所に常勤の調停人を最低1名おくなどの特徴がある。

　モンゴルにおいて、市民の権利保護の一手段として、適切なADRが根付いていくことを願っている。

1　モンゴル弁護士会に対する支援の全体的な内容およびモンゴル国の概要については、本書第2部第8章を参照されたい。
2　それでも、受理した事件のうち平均しておよそ33分の1は、和解、請求認諾または請求債務

の履行、請求放棄を包含する簡易手続と呼ばれる形式で終結している。
3　2010年にDeutsche Gesellschaft für Internationale Zusammenarbeit (GIZ) と改名。
4　2009年に国立法律研究所と改名。
5　なお、このとき参加した研究者のうち1名は、その後、さらに調停や和解に関する研究を深めるべく、2010年秋から2011年秋まで九州大学に留学した。

第10章 インドネシアでの和解・調停制度強化改善支援

角田多真紀

1 プロジェクトの概要

インドネシア和解・調停制度強化改善プロジェクトは、2007年4月から2009年3月までの2年間、インドネシア最高裁判所を被支援機関とする、国際協力機構（JICA）の技術協力プロジェクトとして、インドネシアにおける裁判所付設の調停または和解制度の改善普及を目的として実施された。

筆者は、本プロジェクトの現地派遣長期専門家として、首都ジャカルタのインドネシア最高裁判所に赴任し、上記支援業務に従事した。本プロジェクトにおいて予定されていた活動の核となったのは、裁判所付設の調停に関するインドネシア最高裁判所規則（PerMA2003年2号）の改正であり、結局、プロジェクト開始から約16カ月を経過した2008年7月に施行された。

2 支援の目標

本プロジェクトは、概ね、あらかじめ設計されたプロジェクト実施のための枠組み[1]に基づいて実施された。具体的には、①目標（Super Goal/Overall Goal/Project Goalとレベル別に設定されている）、②プロジェクトによって得られるべき成果（それぞれ、後述する必要な複数の活動と併せて、コンポーネント1ないし3と称される）、③各成果を達成するための活動計画により構成されている。

さらに、各コンポーネントを構成する活動につき、開始時期・完了時期を設定した行動計画表（Plan of Operation。以下、行動計画表）も作成されている。

このうち最上位のSuper Goalとして、（最高裁における）未済案件を減らすこと、次いでOverall Goalとして、裁判所付設のメディエーションによる紛争解決の促進が挙げられ、プロジェクトにおいて達成を目指すべき目標（プロ

ジェクト目標)として、裁判所付設の調停制度の改善が挙げられ、これが直接の達成目標として設定された。

3　目標達成のための活動

本プロジェクトは、
① 　コンポーネント1：裁判所付設の調停制度に関する最高裁判所規則改正
② 　コンポーネント2：調停人研修カリキュラムの改善
③ 　コンポーネント3：改正最高裁規則の広報活動

から構成された。さらに、これら各コンポーネントの実施につき必要と考えられる具体的な活動(起草作業チームの設置、現地セミナーの開催など)が、その実施時期と併せて計画された。

4　プロジェクト実施活動の経過

(1)　裁判所付設の調停制度に関する最高裁判所規則改正——コンポーネント1

まず、プロジェクト開始直後である2007年4月から2008年7月まで、裁判所付設の調停制度に関する2003年2号最高裁規則(以下、旧規則)の改正のための起草作業が行われた。起草作業を担当するのは、現地側関係者で構成された起草のためのワーキンググループであり、これに長期専門家が適宜助言を行い、また、日本側に設置されたアドバイザリーグループとの連携により、草案ドラフトを日本とインドネシアでやり取りする形で作業が進められた。

上記期間の活動をやや詳細に挙げると、草案を一旦完成して最高裁内の運営委員会に提出するまで12カ月と設定されていたところ、この期間内に、現行規則の運用状況調査、文献等調査、日本の和解・調停制度に関する知見の提供(2007年度、2008年度の2度にわたり実施された本邦研修を含む)、改正規則草案を作成した時点での、現地裁判官、弁護士会、調停・仲裁機関、大学、業界団体、その他、新たな制度の利用者となるべき関係者を招き広くインプットを得るためのセミナーを2度開催した。

このように、予定した活動に比して与えられた時間は非常に限られていたうえ、現地側の事情（ワーキンググループ内で調査・執筆等の作業に従事できる人的資源が乏しい、ワーキンググループ会合の開催頻度の制約、イベント毎の作業効率など）が重なったことから、起草作業をはじめとするいずれの活動についても、当初予定していた実施方法を修正する必要が生じた。例えば、改正規則の起草作業においては、通常の起草作業の過程よりも相当に簡易な形で、議論および調査の結果、ある程度の課題点が示された段階で、直接、条文を作成し、会合での議論を反映し修正を重ねる、という形で作業を進めた。特に、起草作業後半においては、起案担当者と専門家がワーキンググループ会合の前後に逐条検討を行うことで、作業の質および速度を補完することとなった。

(2)　調停人研修カリキュラムの改善——コンポーネント2
　行動計画によれば、調停人講師養成研修のカリキュラムの改善が計画されていたが、実際には、最高裁は自ら調停人研修を行っておらず、外部機関に認証を与えて実施させているに過ぎなかった。そうすると、外部機関に働きかける形での支援を行うことはできないことから、当初予定された活動を修正し、最高裁が、将来的に、自身で裁判官に対する調停人研修を実施することを可能とするための講師養成研修（TOT: Training of Trainers）のためのシラバス、教材等のモジュールを開発することとした。具体的には、

① インドネシア最高裁司法研修所による調停研修（講師養成研修）の実施を目指した講師養成研修のシラバス作成、および、同シラバスに基づく講師養成研修の実施

② 訴訟手続、殊に、和解・調停手続における書記官事務の重要性から、改正規則に基づく新手続の定着を促進するための方策として、裁判官に対する研修と併行して、書記官に対する調停事務の研修（講師養成研修）を目指した研修モジュール（シラバス・カリキュラム・教材等）の開発、および、同シラバスに基づく講師要請研修の実施

③ 関連する教材（注釈書およびQ&A集、調停技術研修のためのDVD）の製作

が計画された。

また、こうした調停人・書記官研修を本プロジェクト限りのものにするのではなく、司法研修所による自立的・継続的実施を促すため、併せて、継続的検証等を目的としたパイロット・コートを設置することとした。具体的には、

① 　ジャカルタ近郊の4カ所の地方裁判所を選定してパイロット・コートとする

② 　各パイロット・コートに所属する裁判官および書記官それぞれ数名ずつを選定し、裁判官らに対しては調停人（講師養成）研修、書記官らに対しては和解・調停事務を習得させるための書記官事務（講師養成）研修を実施する

③ 　各パイロット・コートにおける、改正規則に基づく制度の運用状況を継続的にモニタリングすることで、研修モジュールの改善のためのフィードバックを得る

こととなり、これを受けて、最高裁により、南ジャカルタ、デポック、ボゴール、バンドンの各地裁がパイロット・コートとして指定され、各地裁より所属の裁判官（各5名、計20名）および書記官（各3名、計12名）が選定され、研修受講者となった。

　上記修正後の計画に基づき、裁判官に対する調停人研修としては、40時間―24時間―24時間の計3度、88時間の連続研修のための研修モジュールが開発され、実際に研修が実施された。書記官に対しては、24時間―8時間―8時間の計3度、40時間の連続研修のための研修モジュールが開発され、研修が実施された。同一の受講者に対する連続研修である点は、第1回研修を修了して基礎を学んだ受講者が実務の現場から得た体験や課題点を、第2回以降の研修で共有し議論することで、各受講者が以降の実務に直接的に活かす機会を得られるとともに、より実務に即したモジュールに修正すること、ともすれば理論に傾きがちであった従来の調停人研修を、より実践的なものに改善することを企図したものである。

　なお、こうした作業はいずれも、裁判官・書記官に対する研修に関するものであることから、本来は司法研修所の所管事項である。しかし、人事・研修を含む司法行政が法務人権省から最高裁に移管されたのが2004年であったことから、司法研修所による各種研修実施のための体制が未整備であり、人的資源も乏しかった。

そこで、これまでの実績から特に調停人養成研修においてノウハウを有している現地非政府組織（NGO）の協力を得て作業を進めることとし、これらNGO、司法研修所、長期専門家で構成する、最高裁による調停人研修モジュール開発および研修実施のためのプロジェクトチームを立ち上げ、同プロジェクトチームの活動として、研修モジュール開発のための各種検討作業を行った。

(3)　改正最高裁規則の広報活動──コンポーネント3

　改正規則施行後、ジャカルタ市内および近郊、西スマトラ州パダンにおいて、それぞれ広報セミナーが実施されたほか、改正規則施行時に作成された改正規則小冊子、調停人・書記官養成研修にあたり作成された、注釈書、Q&A集、調停技術習得DVDが、上記セミナーの際に配布され、また、全国の高等裁判所および宗教高等裁判所に送付され、広報資材として利用された。

5　制度構築支援としての支援方法および成果

　前述のとおり、2008年7月31日付にて、改正最高裁規則2008年1号（「改正規則」）が施行された。また、施行時期に合わせて、改正規則に則った新たな調停・和解手続、また調停技術の普及のため、前述のとおり、裁判官調停人研修、書記官事務研修（いずれもTOT）のための研修モジュールが開発され、施行直後にタイミングを合わせる形で、各研修が実施された。開発された研修モジュールは、実施された各研修に用いられたほか、本プロジェクト終了時に司法研修所に引き渡され、プロジェクト終了後は司法研修所による調停人・書記官研修等に適宜利用されることとなった。

　また、本プロジェクト期間中に実施された各研修の結果として、裁判官計19名、弁護士1名、書記官12名の研修修了者（講師資格者）が輩出し、裁判官研修員は、2008年11月に司法研修所が実施した裁判官候補生2の研修において講師役を務め、また、最高裁主催の広報セミナーに同行し講師役を務めるなどしている。

　加えて、各研修のモジュール開発段階から、司法研修所と常に連携してこ

れを進めていたことで、前述した各研修のモジュールおよび教材が本プロジェクト終了時に司法研修所に引き渡され、以降の司法研修所による研修実施に向けた連続性ある活動となった。

その結果、2008年11月に司法研修所が実施した裁判官候補生研修において、調停に関する講義がカリキュラムに採り入れられ、前述のとおり、本プロジェクトで実施された裁判官調停人研修の修了者（ただし、当時は2度の研修を了した段階）を講師として同講義が実施されたほか、地方裁判所・宗教裁判所の裁判官への総合的研修、および講師養成研修のプログラム中に調停に関する項目が追加されるという波及効果が生じている。

また、本プロジェクトの終了に際し、最高裁は、改正規則に基づく調停制度普及のための方策の1つとして、本プロジェクトでパイロット・コートに指定された4地裁に新たに8地裁を加えた、計12地裁（西ジャカルタ、中央ジャカルタ、南ジャカルタ、北ジャカルタ、タンゲラン、ボゴール、バンドン、デポック、スラバヤ、ブンカリス、バトゥサンカール、スマラン）を、和解・調停促進のための周知活動を集中的に行い、かつ、データ収集を行うためのパイロット・コートとして活動を継続している。

このように、本プロジェクトにおいて実施された支援活動の成果として、改正規則が施行され、調停人・書記官養成研修モジュールが開発されるなどの直接的成果の他に、一定程度で、被支援機関である最高裁の自立的活動、殊に司法研修所による各種調停研修の実施につながっている。これは、主要なコンポーネントであった改正規則の起草に加え、その運用を促進するためのコンポーネントとして、旧規則下で絶対数が不足していた調停人養成のためのモジュール開発を行ったことが有効に作用したと考えられる。加えて、研修モジュールの開発にとどまらず、実際に講師養成研修を実施したことにより、研修修了者が司法研修所における研修・講義に有効に活用され、教材の開発を併せて行ったことで、これを、特に地方裁判所・高等裁判所、ならびに宗教裁判所に対する改正規則周知のためのツールとして利用することが可能となった。制度構築支援を考えるにあたっては、枠組となる法令の起草と同程度以上に、運用局面で主要な役割を担う人的資源の充実と、運用の現場の継続的な検証とフィードバックが必要であり、これらを適切なタイミングで並行させて行うことが有効であるといえる。

6　観察された課題点

　前項に述べたとおり、改正規則に基づく新たな和解・調停制度の実効性ある構築を支援するためには、制度の枠組を整備するにとどまらず、前述した、特に人的側面に関する支援が不可欠であるが、それは必然的に、比較的短期間に多様な活動を実施しなければならないことを意味する。殊に、本プロジェクトでは、この点、調停人養成研修その他、起草作業を除く全ての活動に与えられた時間は、準備期間を含めて1年足らずであり、しかも、そのうち4カ月間は起草作業と並行して行っている状態であった。加えて、前述のとおり、司法研修所による研修実施のための体制の未整備から、調停人養成研修を実施するにあたっては、事前調査、モジュール開発、講師依頼、研修プログラム運営・管理（試験実施を含む）の全ての面を、調停人研修機関であるNGOに一部事業を委託するなどして進めるほか選択肢がない状況であり、研修所の能力開発という点で課題が残った。

　さらに、制度の定着のためには、少なくとも一定件数以上の調停事件の需要のある地方裁判所および宗教裁判所に配属されるに十分な数の有資格調停人の養成が急務であり、また、新たな手続に対応しうる書記官事務、および、裁判官・非裁判官調停人の登録および選任に関わる管理事務など、整備し周知すべき点は極めて多項目にわたると考えられる。また、それらは初期段階で一応の整備を行ったのちも、さらなる検証によって修正し改善される必要があるが、そうした活動のための時間はおよそ残っておらず、こうした環境整備の必要性があまり認識されているとはいえないインドネシアにおいて、こうした点に関する支援なく、被支援国の自立的発展に委ねてよいかについては不安が残る。

7　制度構築支援のあり方

　本プロジェクトのように、新制度の導入が支援事業の核となる場合、それを実務の現場である裁判所や利用者らに定着させるための支援も視野に入れて支援内容を組み立てることが不可欠である。被支援国の司法制度を支え

る人的体制および各種管理事務体制の実情に鑑みると、むしろ、こちらに軸足を置いた支援が考えられるべきであり、これらの点に関する能力開発の観点も含めた長期的な支援が検討されるべきである。

そして、制度が導入された後も、その成果ないし影響について継続的検証を行い、被支援機関による制度の利用普及を促すべく、助言ないし情報提供を行うことが、成果の最大化のため有益な方法となる。

他方で、こうした支援を活動として組み込む場合、プロジェクトないしプログラムの策定段階で想定することの困難な不確定要素に左右されることは避けられないが、プロジェクト開始後に生じた、積極・消極いずれの要素も汲み上げて柔軟な軌道修正を行うことで、具体的には、プロジェクト期間・予算・コンポーネントないし具体的な活動の追加変更の可能性を予め制度設計に組み込むことで、そうした問題には十分に対処できると思われる。そして、そのためには、支援に携わる関係者間の、十分な議論と情報共有が不可欠であることは言うまでもない。

1 JICAの採用するProject Cycle Management手法（PCM手法）による。
2 インドネシア最高裁の実施する裁判官候補生登用試験に合格し研修中の者。集合研修、地方裁判所での実務研修を経て試験に合格すると、正式に裁判官としての資格を得る。

コラム

汚職との闘い──インドネシア

平石 努

　私がインドネシアに赴任した2003年における、トランスペアレンシー・インターナショナル（Transparency International）が公表している汚職に係る指数（Corruption Perceptions Index）では、インドネシアは122位（下から11番目）であった。インドネシアにおける汚職については、スハルト在職時代の方がまだ（汚職が？）統制されていたが、民主化後は上から下まで汚職が蔓延して状況は悪化したと言われていた。裁判官、検察、弁護士といった法曹についても、「司法マフィア」などと呼ばれて、社会的に批判の対象となっている。

　司法支援活動において、汚職は取組の難しい問題の一つである。現地法曹は、汚職の問題について認識しており、一般的な話題にはしても、特に外国人に対しては、なかなか表立って汚職について語ろうとはしない。また支援専門家の側からも、汚職の撲滅そのものをプロジェクトの目標にする場合はともかく、プロジェクトの関連であっても、現地法曹も交えて汚職について具体的に調査・検討することは、本来のプロジェクト遂行に悪影響を与えかねず、慎重になるところがある。裁判官と当事者との間の距離感など、現地における汚職に対する考え方の違いもある。

　もっとも、いかに支援プロジェクトが素晴らしい成果をあげたとしても、司法の根本に重大な汚職の問題があれば、国民に信頼される公正な司法の実現という最終目標は達成できない。インドネシアにおける汚職の原因は、公務員の給与水準の低さ、社会全体の問題とも言うべき歴史的な経緯などにもあり、直ちに解決することは難しいかもしれない。しかし、インドネシアでは汚職撲滅委員会や汚職特別法廷の設置等により、汚職の問題について真剣な取組が為されており、私の赴任中に設置された汚職特別法廷の裁判官選任プロセスには、日本も現地NGOを通じて支援を行った。本稿の執筆時には、私の赴任当時（2003年）に比べれば事態は改善されつつあるように思われる。

第11章
モンゴルでの判例集出版支援

田邊正紀

1　モンゴルにおける判例集出版の概要

　私は、2003年3月に国際協力機構（JICA）短期専門家としてモンゴルにおける法制度調査を行い、この報告を受けてモンゴルにおいてJICAによる法整備支援が行われることとなった。最初に派遣される専門家として私が選ばれ、2004年3月から2006年6月まで2年3カ月間にわたり、モンゴル法整備支援計画長期専門家としてウランバートルに赴任した。

　赴任当初の派遣目的は、担保法の制定支援、非政府組織（NPO）法を含む法人制度の再編であったが、ドナー間の援助分野の争奪戦に敗れたことや法務内務省の方針変更など諸般の事情により、これらが早期の段階で頓挫したため、急遽活動内容を変更することを迫られた。

　そこで、私は、2003年3月の調査時から問題点として指摘していた裁判情報の公開を新規プロジェクトの一つの柱とすることにした。具体的には、各100個の判決を掲載した民事判例集を1年間で3冊発行することを目標とし、2005年4月のプロジェクト開始から1年間でとにもかくにも3冊の判例集を出版し目標を達成した。本稿では、その経験に基づき、直面した問題点や解決方法等をまとめてみた。今後この分野で活躍する方の参考になれば幸いである。

2　プロジェクトに至る経緯

(1)　モンゴルにおける判決公開の状況

　私が、2003年3月に短期専門家として行った調査の結果、モンゴルでは、当時、判例集と呼べるものは全く出版されておらず、最高裁判所が、定期的

に要旨集を発刊しているものが唯一それらしいものではあるが、下級裁判所への指導書としての色彩の強いものであった。また、判決の閲覧も、各地区裁判所に資料館が存在し、制度としては存在するものの実際には機能しているとはいえない状況であった。これは、情報統制という社会主義時代の負の遺産という側面もあるものの、実務家が判例利用の必要性をそれほど感じておらず、最高裁判所も、掲載判決の選択、分類方法、当事者のプライバシー保護方法、注釈作成作業等様々な実務上の問題から、実際の編纂作業には躊躇しているというのが実情であった。

このような状況では、①法的安定性および取引の安全確保（紛争予防機能）、②法曹の法律適用業務の効率化と質の向上（判断統一化機能）、③過去の立法の妥当性の検証と将来の改正の必要性の検討（法令改正促進機能）、④裁判の公正確保（裁判監視機能）、⑤法曹養成、法学教育における教材の提供（教材機能）など[1]、様々な理由から判決の公開が必要であり、その一つの方法として判例集の出版が有効であることは日本の実務家の目から見れば明らかであった。

(2) JICAによるプロジェクト提案——最高裁判所の抵抗

JICAは、当初、法務内務省傘下の法律研究機関である国立法律センターを判例集出版プロジェクトのカウンターパートとする予定であった。しかしながら、判例集に掲載すべき判決の提供は、最高裁判所の協力を得なければ実現しないところ、最高裁判所はこれに対し激しい抵抗を示した。

最高裁判所の言い分は、「モンゴルは判例法体系の国ではないから判例の公開は意味がない」[2]、「判決を公開することは国民のプライバシーを侵害する」などもっともらしいものから、「最高裁判所は、年4回出版する雑誌に、民事、刑事1件ずつの判決を掲載しているので十分判例集の役割を果たしている」などへ理屈に近い理由、果ては「JICAが勝手に判例集を出版したら法律違反で最高裁判所が訴える」などという脅しまでバラエティーに富んだものであった。

しかしながら、最高裁判所の本心は、「判例など公開されたら、これまで連綿と行われてきた偏った判断ができなくなる」、「質の低い判決が公開されれば、裁判所に対する信頼が低下する」ことなどを懸念していることは、第三者

の目から見れば明らかであった。

この点を「判決の公開は公正な裁判のためである」、「判決の公開は、最終的には裁判所の信頼獲得のためになる」などと正面から突いても、最高裁判所の態度が変わらないことは火を見るより明らかであったことから、私は、「掲載判決の選択権を全面的に最高裁判所に委ねる」という提案を行った。確かに、掲載判決の選択権を全面的に最高裁判所に委ねた場合、最高裁判所は、自らに都合のよい判決しか提供しないであろうが、それでも判例集が全く存在しないよりは、一歩も二歩も前進である。結局、政権交代[3]など、政治的な情勢の変化もあり、約1年の時間を要し、最高裁判所は、JICAによる判例集出版プロジェクトを受け入れることとした。

(3) 判例集出版プロジェクトのライバル

一方、同時期に米国国際開発庁(United States Agency for International Development: USAID)も、最高裁判所に対し、判例をウェブサイトに掲載するプロジェクトを提案していた。法整備支援の分野においては、他ドナーと同一分野のプロジェクトの奪い合いになることは珍しくない。しかも、USAIDの提案は、すべての裁判所にUSAIDの資金でパソコンを導入し、ウェブサイトを通じてすべての判決を速やかに公開するという内容で、予算規模もJICAとは比べ物にならないものであった。USAIDは、「掲載可能な判決数や、アクセスおよび検索のしやすさは書籍では実現できず、書籍による判例集は学生の教材としての役割が残されているだけである」との主張であった。確かに、USAIDの主張はもっともであり、アメリカの実務においてもウェッブサイトにおける判決の検索は必要不可欠の存在となっているのであろう。

しかしながら、モンゴルにおいては、2004年当時、パソコンの普及率は極めて低く、弁護士のパソコン保有率も50%には達していない状況であり、ウランバートル以外の23県弁護士会でパソコンを保有しているのは、2県弁護士会のみという状態であった。一方で、裁判所におけるパソコンの普及率は、援助機関による支援の結果100%という状況であり、このような状況で判決公開をウェブサイトを通して行えば、裁判所と、弁護士会、法学部等の教育機関、一般企業の法務部との情報格差が広がる恐れがあり、ネットの発展度合いとの兼ね合いからも、私としては時期尚早であると判断していた。また、

JICAとしては、販売代金による収入が見込める書籍による出版の方が、プロジェクトの継続性の観点から優れていると判断し、粘り強く働きかけた。

このような場合、一般的には、被援助側は、最新の方法かつ予算規模の大きいものを好む傾向があるが、今回はJICAに軍配が上がった。これは、私の説得が功を奏したわけではなく、USAIDのプロジェクトが原則としてすべての判決を公開することを目標にしていた点が最高裁判所の意向と合わず、掲載判決の選択権を全面的に最高裁判所に委ねたJICAの提案の方が受け入れやすかったためと思われる。

(4) JICAの抵抗？

私が、JICAへ判例集出版プロジェクト案を提出したところ、以下の5点の懸念が示された。これは、ベトナムにおいて先行して行われていた判例集編纂作業で問題となった点を確認するものであった。

① 当該国において法令解釈権をどこの機関が有しているか、仮に国会が有している場合に判例集を出版することの意義は何か。

② 成果物のイメージが被支援国側と一致しているか。「実務の参考事例集」的なものか、「判決記載方法の事例集」的なものか、「裁判所による指導集」的なものか。

③ 判決の要約をどのように行うか。読んだだけで意味の理解できない判決をどう扱うか。

④ プロジェクト終了後の被支援国側による独自出版の可能性はあるか。その方策は何か。

⑤ 完成した判例集の質を専門家がどのように検査するか。

私は、提案の時点で、ベトナムにおける判例集出版プロジェクトの進捗状況についてはある程度の知識を有していたことから、即座に以下のような回答を行った。

①については、モンゴルにおいては、法令の解釈権を国会が有するベトナムなどと異なり、憲法において最終的な法令の解釈権は最高裁判所が持つとされている。これをもとに最高裁判所が各法律の「解釈集」を発行しており、裁判所法も最高裁判所の義務として「判例集の出版」を掲げている。なお、仮に最終的な法令解釈権が国会に留保されているとしても、個々の事例解決

のために法令を解釈することは裁判所の当然の権利であり、判例集出版の意義を減じるものではない。

②については、モンゴルでは、判例集の出版は「裁判情報の公開」の一環であると広く捉えられており、成果物である判例集の利用者としても、裁判官のみならず、弁護士、法学者、学生、企業、一般市民までも念頭に置いている。なお、最高裁判所による指導書（判断統一機能）としての役割は、前記「解釈集」が担っており、判例集にはこの役割は期待していない。

③については、判決の省略を行う予定はない。この点は、モンゴル側にも省略を行うべきであるという意見があったが、全文をそのまま公開することが「裁判情報の公開」という観点からは重要であることを強調し、当方の考え方が採用された。また、今回の判例集が、公権力側が出版するものであることを考えると、省略により、公権力側による情報操作が行われる可能性もあり、この点からも省略は適当でない。また、モンゴルにおいても、その記載方法の稚拙さから判決を読んだだけでは意味が分からない判決が多数存在するが、すべての判決に半ページ程度の「要旨」を付加することで対応する。この「要旨」は、判例研究の経験のない国においても作成でき、公権力側による判決解説はさせない、かつ、判決を探す際や判決を読む際に役に立つもの、というバランスの上に採用したものであり、作業量的にも適度である。

④プロジェクト終了後のモンゴル側による継続出版費用に充てるため、各1,000冊印刷したうちの約700冊を有償販売することとする。これは、JICA以外のドナーも、書籍については原則有償配布の方針を打ち出して、ドナー間のコンセンサスができていることから、モンゴル側も納得せざるを得なかった。

⑤掲載判決の質の確認は、専門家においては行わない。第1の理由として、判例集は、判決が掲載されるものであり、判例集の質は本質的には判決の質に依存するほかないこと、第2として、判例集の基本的な目的はより多くの判決が公開されること自体で達成されることからである。

現在JICAには、弁護士資格を有する専門員が在籍[4]していることから、このような事は起こりづらいが、当時は法律に精通した職員が不在であったことから、時にJICA本部が抵抗勢力となることがあり、現地専門家には、法律の専門家以外の人間を説得することも求められる好例である。

(5) 判例集出版プロジェクト実施の合意

　この間、約1年の期間を経て、2005年3月31日、JICA、国立法律センター、最高裁判所の三者で判例集出版プロジェクトの実施に合意した。内容としては、各約100個の判決を掲載した民事判例集を1年間に3冊発行し、それに伴い判例集利用普及のためのセミナー等を行うというものである。それぞれの役割としては、最高裁判所が掲載判決の選択提供、国立法律センターが要旨の作成、編纂、JICAは目次や要旨など編纂方法の指導の他、資金や機材の提供などである。

3　プロジェクト実施における問題点

　プロジェクト開始後も、予想もしていない問題が続出した。日本では、当たり前になっているような事柄も、実はどうしてそうなっているか現地専門家も理解していなかったという問題も発見し、専門家自身も勉強となった。

(1) プライバシールール

　判決を判例集に掲載する場合に実名とすべきか仮名とすべきかについては、思いのほか大きな問題となった。モンゴルにおいては、社会主義時代の情報統制の考え方と親近感があるのか、途中の議論を省いて最新の情報に流されやすいためか、取引の活性化や行政の透明性確保のための情報公開という考え方よりも、プライバシー保護および個人情報保護という考え方が極めて強い。一方で、アメリカでは、当事者の実名掲載が当然であり、当事者の名前を事件名として利用しているような状況であり、留学経験者などは実名掲載の意見が大勢を占めた。そこで、日本の最高裁判所のホームページの判例検索ページ[5]を見てみると「文中の固有名詞などには、プライバシーなどへの配慮から『A』『B』『C』等の記号に置き換えているものがあります」との記載があるのみであった。あまりに漠然としていて、これを参考にしたのみでは、モンゴルの実名掲載基準とはなりえない。

　最終的にも、モンゴル側スタッフは、「事案ごとに当事者の名前をそのまま掲載するか仮名とするかを決定する」という立場を譲らず、JICA側の掲載基

準の統一のために「すべてを仮名とする」との立場の差は埋まらなかった。結局、第1巻から第3巻までは、実名掲載の可否を事案ごとに決定する旨のプライバシー保護規定が掲載されているものの、実際はすべて仮名とする運用ということで実務上の決着はついた。

　この問題は、プロジェクト終了まで尾を引き、第3巻の判例集の前書きは、「判例集への実名掲載について」という題名で、実名掲載の考慮要素となりうる、裁判の公開、表現の自由、知る権利、情報公開、プライバシー、個人情報保護、裁判を受ける権利などを一つ一つ詳細に検討した論文に近いものを掲載する事態となった。その「論文」の最後では、企業等法人の名称、国会議員、閣僚等の公人の名前は実名掲載し、それ以外の個人の名前は仮名で掲載するという掲載基準を提案している。但し、私個人としては、実名掲載は報道の役割であり、判例集の5つの機能（①紛争予防機能、②判断統一化機能、③法令改正促進機能、④裁判監視機能、⑤教材機能）を発揮するために実名掲載は不可欠の要素ではないと今でも考えている。

(2)　要旨の作成

　私としては、各判例に付加する要旨の記載内容としては、「事案の概要」および「原審の判決結果」のみとするという方針を立てたが、国立法律センターとしては、判決分析や判決批判も掲載したいという立場であった。この点については、第1巻発刊後のアンケートにおいても「複雑な判決については解釈を付けて欲しい」という要望もあった。しかしながら、今回発行する判例集は、最高裁判所、国立法律センター、JICAという公の機関が発行するものであるので、法務内務省傘下の行政機関である国立法律センターの解釈を閲覧者に押し付けることは自由な判決の解釈を妨げる恐れがあることから、絶対に避けるべきであると判断し、私の主張を通した。なお、モンゴル側の説得材料とはしなかった理由としては、モンゴル側には未だ判例解説をするだけの能力は備わっておらず、まして判決批判となれば最高裁判所が再度掲載判決の提供を拒否する恐れがあることも挙げられる。

(3)　判例集の配布方法

　今回出版した判例集は、各巻1,000冊ずつ印刷し、うち約300冊は裁判

所、大学等へ無償配布し、残りの700冊は有償で一般販売することとした。これは、①有益な情報は有料であることを現地の法律家に理解してもらうこと（この方針でドナー間のコンセンサスも確立していた）、②無償配布では入手できない弁護士や法学部生などにも入手の機会を提供すること、③プロジェクト終了後の判例集の継続的出版費用獲得のためである。特に今回気を配ったのが②の観点である。従前、援助機関が何らかの書籍を出版する際には、無償配布が一般的であったが、この場合、在野法曹全員に無償配布することは現実的に不可能であり、法学部生に至っては入手の機会すら全くないことになってしまう。特にモンゴルでは、日本では考えられないほど書籍は貴重なものであり、図書館などで共有利用するという感覚は乏しく、無償配布された書籍は個人の蔵書となり、組織で利用されることはない。私が訪問した裁判官室の多くには、金庫が備えられていたが、そこに収められているのは機密を保持すべき判決などではなく、盗難の対象となる個人所有の書籍であった。

　しかしながら、私の思いとは裏腹に、第3巻刊行時点での第1巻の売り上げは約140冊、第2巻の売り上げは約50冊であり、芳しいというには程遠い状況であった。この原因は判例集の値段や質の問題ではなく、法律家が判例集の有用性や利用方法を理解していないことにあると考えられる。但し、判例集の売り上げ管理は、国立法律センターに委ねていたが、国立法律センターは私からの再三の在庫確認の要求を一度も受け入れず、販売状況の報告も延々引き延ばしたことからすると、売り上げ実績についても過小評価である疑いがないわけではない。

(4)　判例集出版記念セミナー

　本プロジェクトによる民事判例集第1巻の発刊は、モンゴルにおける初めての本格的判例集の出版であった。このような場合には出版記念パーティーを行うのがモンゴルの習わしであるし、特に判例集のように今後利用を促進したい書籍の発刊の場合には、広報の意味からも必ずパーティーやセミナーなどが行われる。こういったセミナーの場合、カウンターパートが講演を行うことはもちろん、他のドナーもスピーカーとして招待し、自らのプロジェクトの効率的な広報に協力してもらう。この辺りは持ちつ持たれつの関係で、断るよう

なドナーはいない。

　第1巻発刊記念のセミナーでは、カウンターパートである国立法律センター長が「プロジェクトの内容」、最高裁判所長官が「判例集出版の意義」、私が「判例集利用法の提案」というテーマでショートスピーチを行った。その他、USAIDが「アメリカでの判例集の利用方法」、ドイツ技術協力公社（Deutsche Gesellschaft für Technische Zusammenarbeit: GTZ）[7]が「判例集出版がモンゴルの裁判に与える効果」、世界銀行が「民事判例集出版に寄せて」というテーマでスピーチを行ってくれた。

　当日は、定価6,500トゥグルグの判例集を4,000トゥグルグで販売したこともあり、予想以上の参加者を得た。

(5)　ドナー間協調

　民事判例集第1巻の出版は、予想とは異なる大きな成果も生んだ。従前、モンゴルにおける行政裁判所設立支援を行った世界銀行が、行政事件判例集の出版への協力を申し出てこれが実現したのである。また、従前、刑事裁判改革に取り組んでいたUSAIDが、ウェブサイトでの判決公開の主張を撤回して、刑事判例集の出版への協力を申し出てこれが実現したのである。しかも、これら判例集はすべて形式や内容もJICAが支援を行ったものと同じであり、挙句の果てには、書籍の外装も同じデザインの色違いという著作権的にはやや問題がないわけではないものの、全分野統一性のある判例集の出版が、第1巻の民事判例集出版から1年もたたずに実現したのである。

　これを受けて、民事判例集第2巻の出版記念セミナーは、JICA、USAID、世界銀行の三者の共催となった。しかしながら、ドナー共催によるセミナーは、時代の流れにも合致し聞こえは良いが、単独開催にはない障害がいくつも発生した。まずは、共催によるセミナー開催自体は、各ドナー全く異論はなかったものの、それぞれセミナーの目的に対する思惑があり、ゲストスピーカーの選定等にはかなりの調整が必要となった。JICAは、もともと判例集の利用を促進することをセミナーの目的としており、私は、今回は具体的な日本の事例を用いて判決の他の事件への応用方法を話すこととした。この関係でJICAの招聘したスピーカーは、モンゴルの事例をもとに判例の利用法を話してくれる大学の講師となった。USAIDは、やはり最終的には判決のウェブで

の公開にこだわっており、「判決のネット公開と判例集」というテーマで、判例集のマーケットは最終的には学生などへ移行していき、実務家の主流はウェブになるべきだとの話であった。USAIDは、NGO代表をゲストスピーカーとして招聘し、法廷内の取材の自由をもっと向上させるべきという話をさせていた。世界銀行は、判例集への実名掲載にこだわっており、「判例集への実名掲載の可否」というテーマであった。この関係では、最高裁判所の裁判官がゲストスピーカーとして呼ばれ「裁判の公開と判例集への掲載の関係」とのテーマで、判例集掲載による当事者のプライバシーが侵害されることを防止すべきとの方向性であった。以上を見てもらえば分かる通り、各ドナーの思惑が異なることから、共催にした場合、テーマが散漫となり、統一感のないセミナーとなってしまうことは避けがたい。

さらに実務的に厄介なのが、各ドナーの予算執行の仕組みが異なることである。今回のセミナーについても、経費を各ドナーが3分の1ずつ負担すること自体はスムーズに合意ができた。しかしながら、JICAは基本的に飲食代支出の条件が厳しく、地方からの招待客の移動費や宿泊費を簡単には支出できないし、予算管理は現地専門家が行いカウンターパートに一任することは原則としてない。他のドナーはこれら支出条件が緩く、予算の執行方法もカウンターパートへ丸投げである。そこで、JICAとしては、支出が可能な費目だけをすべて引き受けて直接支払いを行ったが、結局他ドナーの70％程度しか負担できない結果となった。JICAは、原則としてカウンターパートの給与の支払いができないことを始め、他のドナーとは予算執行の内容や形式が全く異なるが、残念ながらこれらは世界標準ではなく、他ドナーと共同でプロジェクトを行おうとする場合には大きな障壁となる。

(6) プロジェクト終了後の継続出版

私は、もともとこのプロジェクト開始時に、有償販売分の売り上げを第4巻以降の出版費用に充てることを提案しており、売上金の管理方法として、国立法律センターとの共同口座の開設による共同管理を提案したが、省庁の傘下の一組織と外国ドナーが共同口座を開設することはできないというもっともらしい理由でこれを拒否された。そこで、仕方なく在庫管理と売上金管理を国立法律センターに一任したが、JICA側の再三の在庫と売り上げの報告要

求にもかかわらず、売上金に至っては最後まで一度も報告がなされなかったことから、一度はプロジェクトの中止まで検討された。JICAの予算で制作した判例集が関係者によって横流しされていたことは、公然の秘密状態であったが、プロジェクトそれ自体は高く評価されていたことから、これを中止するわけにもいかず、最終的にはプロジェクト終了時に通常はカウンターパートへ引き渡すべきパソコンやコピー機などの機材の所有権を留保し、一定期間内に国立法律センターの予算で第4巻および第5巻の民事判例集の出版がなされなかった場合には、これらを引き上げるとの「覚書」を締結することで妥協した。結局、第4巻および第5巻の出版は、私の後任の磯井美葉弁護士の指導により行われ、約束の期間は徒過したものの国立法律センターの予算での出版はなされたようである[6]。

4　サブプロジェクト──判例活用法テキスト

(1)　国立大学における講義

　ここまで、判例集出版プロジェクトについて述べてきたが、実はこのプロジェクトには、「判例活用法テキスト作成」というサブプロジェクトが存在する。私が赴任した直後に当初計画していたプロジェクトが頓挫したことから、空いた時間を利用してモンゴル国立大学法学部において2週間に1回のペースで、日本の『民法判例百選』（有斐閣）に掲載されている判例を題材に判例活用法の講義を行っていた。これはもともと判例集出版プロジェクトとは関係なく、大学側からすれば学生の能力向上のためにJICA専門家を利用するというものであり、私の立場からは、モンゴルの法学部生やモンゴル人自体の考え方を知る絶好の機会ということで利害が一致したものである。後に判例集出版プロジェクトが正式に採用されたことから、この時の経験を生かして判例活用法のテキストを作成することとしたものである。

(2)　モンゴルにおける判例の活用状況

　日本では、法学部の学生であれば判例を読んだことがあるのは当たり前であり、何がその判例の要旨でどのような理由付けがされているか、当該判例がどのような形で他の事件に応用できるかなどというのは、卒業するまでに法

律家として当然備わっているべき能力である。しかしながら、モンゴルにおいては、判決が実質的に公開されていなかったことから、学生が判例に触れる機会は皆無であり、法学部の授業でも判例が利用されることは全くなかった。そのような法学部を卒業して法曹となった者も、自分の事件に判例を当てはめて考えたり、主張を構成したりすることはほとんどなく、判決を読んで要旨や理由付けを明確に抜き出す能力すら備わっているとは言い難い状況であった。そのため、実務において弁護士が判例を引用して主張を構成することは少なく、裁判官も判決において判例を引用する事もほとんど行われていない。

判例集の出版は、もちろんそれだけでモンゴルの裁判実務や法律の世界に与えるインパクトは大きなものではあるが、本当の意味で判例集が活用されていくためには、その活用法を伝授していかなければならないとの思いが、大学での講義を通じての実感であった。

(3) プロジェクトの内容

判例活用法テキスト作成は、5章分は私が大学で行った講義を焼き直す形で日本の判例を題材としたものとした。具体的には、所有権留保売主による車両引渡請求についての権利濫用の適用に関する複数の判決からその適用範囲を画定するトレーニングや、理論構成の異なる2つの権利濫用の判例を示し、他の事例に当てはめた場合に結論がどのように異なるか、自分がどの立場に立ったときにどのような理由でどちらの判例を主張すべきかのトレーニング、男女別定年制と公序良俗違反に関する判例から理由付けを分類して整理するトレーニング、無権代理と相続に関する判例の理由付けから、判例とは異なる事案の結論を予測するトレーニングなどである。

モンゴル側の5章は、モンゴル国立大学法学部の講師に執筆を依頼したが、当初提出された内容は、判例において適用された法律の解説や判例批判と自説の展開など到底判例を活用するという内容のものではなかった。テキストの中身について何度話し合っても、「この判決は法律の適用を間違っている」とか、「この判決は労働者を保護していないから良くない」などの意見からなかなか抜け出せず、曲がりなりにも他の事例への応用というレベルに達するまで、ほぼ1年の時間を要した。しかしながら、モンゴル随一の大学の講師においてすらこのような状況なのであるから、一般的な実務法曹のレベルは

推して知るべしである。

　結局、判例活用法テキストが完成したのは、私の任期の終了する約1カ月前であり、このテキストを使ったトレーニングの機会は残念ながら作れなかった。

(4)　判例活用トレーニング

　しかしながら、2008年1月、私の後任の磯井美葉弁護士が赴任中に、法曹に対する継続教育の中でモンゴルの法曹に対し、短期専門家として「判例活用法」の講義を行う機会を得たので、その時の感想を記しておく。

　判例活用法の講義の目的は、判例自体の理解ではなく、判例をどのように読み解いて、どのように応用していくかを覚えてもらうためのものであることから、受講者に自ら考えながら講義を受けてもらうために、初めから答えは言わずに受講生に質問をしながら講義を進めるスタイルをとった。しかしながら、この形式は受講生の回答が的外れであると進行に非常に時間がかかるためあまり評判は芳しくなかった。しかしながら、判例を読み解いて他の事例に応用するトレーニングにおいて、講師が「この判例の要旨はこうです。理由付けはこうなっているから、他の事例に応用すると結論はこうなるはずです」などと講義しても受講生の実になるとは思えず、難しいところである。

　また、「必要な許可を受けて産業廃棄物処理場を建設しようとしたら周辺住民から反対運動が起こった」という事例を設定し、複数の権利濫用の判例を利用してどのような主張を構成するかというトレーニングを行う際に、受講生を真ん中で区切って、右側は企業側弁護士、左側は周辺住民の立場で考えるようにと指示したところ、まずは単純に判例など考慮せずにどちらが勝つべきという議論が飛び交った。これは予想された反応であり、だからこそ判例を利用して結論を予測する訓練が必要なのだと強調する機会を得た。次の反応は、判例は企業が負けている以上、企業は勝てないなどの単純な当てはめである。未熟ではあるが、一応判例を利用しているとは言える。次に、私が、「一方の判例は企業側に濫用の主観的意図がなければ権利濫用にならないといっているが、これはどちら側に有利か」という趣旨の質問をしたところ、その後の議論には半分以上の受講生がついてこられていないという感じであった。前途は多難である。

なお、余談ではあるが、受講生のほぼ全員が、個人的にはこの事例では企業側に非があり、住民側を勝たせるべきという意見であり、私が「企業側は許可も受けているし、産業廃棄物処理場は町に一つは必要なもので、どこかに作らなければならないのではないか」と説明しても意見を変えようとする者はいなかった。社会主義時代にこのような周辺住民の意見は抑圧されていたことの反動であろうか、理由は定かではないが、法律家のこのような強い信念は時に判例活用の障害となりかねない。

講義の最後には、過去に裁判で判例を利用したことがあると申し出てくれた受講生に活用事例とその結果を報告してもらった。多くの活用例が、「過去の同様の事例でこのような結論であったから今回の件も同じ結論にすべきである」という単純なものであったが、在野弁護士は思ったよりも判例を活用しているとの感想を持った。その中でいくつかの傾向が見えてきたが、一つは外国の判例を引用して主張する例が多いということである。これは留学経験者が多数存在することやモンゴルの判例が公開されてこなかったことに起因するのではないかと思われる。また、裁判所は、過去の判例には縛られず、むしろライバル裁判官の下した判決に対し反発ないし無視をしているのではないかという印象である。確かに、モンゴルは判例法主義の国ではないことから判例には先例拘束性はない。しかしながら、裁判所としても先例に反する判決をする場合には、真摯にその理由を述べるなどの対応をしなければ、判決の質は向上しないというのが私個人としての意見である。

5　結び

以上の通り、国際司法支援においては、本を1冊発刊するだけでも、様々な課題に直面する。どのプロジェクトでどのような問題が発生するかは、頭で考えても絶対に予測できない。現地専門家には、場面に応じた柔軟な対応が求められるし、最後まで諦めない粘り強さが必要である。本稿が、これからこの分野で活躍しようとする人が課題にぶつかった際に、何か一つでもヒントを与えられれば幸いである。

1　2003年3月の調査に同行した当時名古屋大学教授であった加賀山茂氏の分類による。

2 モンゴル民法および民事訴訟法は、ドイツの支援により制定されており、法制度は大陸法系に属する。
3 2004年6月の総選挙において、人民革命党と祖国・民主連合の議席数が拮抗し、旧共産党系政党と民主政党による連立政権が発足した。
4 2010年執筆当時、佐藤直史弁護士と磯井美葉弁護士が在籍していた。
5 <http://www.courts.go.jp/picture/hanrei_help.html>。
6 2012年2月現在、第8巻まで刊行されている。

第 3 部 展望

第1章
若手弁護士の国際司法支援活動への参加
その課題と展望

鈴木多恵子

1 はじめに

　日本弁護士連合会（日弁連）の国際司法支援活動は、1995年頃から開始され、既に約15年以上もの実績を有する。近年その活動は広く認知されるようになり、同活動への従事を志して法曹となろうとするものも少なくないと聞く。本稿においては、主にそのような若手法曹への情報提供を目的として、筆者の日弁連の国際交流委員会国際司法支援センター事務局における活動経験を踏まえ、同センターの具体的活動を筆者の目線から紹介するとともに、当該活動に弁護士が参加するにあたっての課題と今後の展望について、筆者の考えを述べることとしたい。

2 日弁連の国際司法支援活動と若手弁護士の参加

(1) 国際司法支援センターの活動

　近年の日弁連による国際司法支援活動を中心となって支えているのが、国際司法支援センター（International Legal Cooperation Center: ILCC）である。

　日弁連の国際司法支援活動は、日弁連会則82条による理事会の議決により設置された特別委員会の1つである国際交流委員会[1]において、基本的な方針決定がなされ、また同委員会が主な活動の企画、方針決定および実施母体となるものであるが、活動の活発化を受け、より機動的かつ恒常的に司法支援活動を実施すべく、2003年、同委員会内の国際協力部会を名称変更する形で国際司法支援センターが設立された。現在は、同センターが国際司法支援活動の運営・企画等に関する事務局として、同活動に関する日常的な

業務に対応している。

　同センター事務局には、常時約15名から20名前後の弁護士が事務局メンバーとして所属しており[2]、月に約1度の頻度で定期会議を開き、またかかる定期会合の間も随時メール等による意見交換や協議を行って、日弁連が行う支援プロジェクトの運営、新規プロジェクトの計画立案、国際司法支援活動に関するセミナー・研修会の企画、対内外広報、関連諸機関との連絡や調整等、多岐にわたる業務にあたっている。日弁連における国際司法支援活動のいわゆる実働管理部隊が同事務局である、とも言えよう。またプロジェクトの規模等によっては、別途専門のタスクフォースを設置することもあり、例えば、2010年6月まで国際協力機構（JICA）から受託していたカンボジア弁護士会支援プロジェクトにおいては、同活動に長年関わるなどして経験および知見を有し、現地でカンボジア弁護士ら向けセミナーの講師等を務める弁護士を別途集めた講師会議（通称ファカルティー会議）を、月に約1度の頻度で開催・運営した。

　同センター事務局のメンバーの年次は幅広く、JICA長期専門家経験者等も所属するが、その半数以上が弁護士登録後10年未満の会員により構成されている。同センターの業務が、プロジェクトの運営・管理等ロジスティック作業を多く占めるものでもあり、また機動的に対応する必要のあるものもあることから、これらは主に、フットワークが軽い若手メンバーにより主に遂行されている。

　もっとも、同センターは、事務局として専用のオフィスや専属職員を擁するものではなく[3]、事務局メンバーの弁護士は、基本的にあくまで委員会活動、すなわちプロボノ活動として（活動に対する報酬を得ることなく）事務局での活動に従事している。

(2)　国際司法支援に参加する人材の育成に向けた取組

　国際司法支援活動弁護士登録制度（本書第1部第1章参照）により、日弁連としては、活動に関心のある会員を把握し、また登録会員は国際司法支援活動についての一定の情報を入手できる制度が構築され、メーリングリストを通じての情報交換ができるようになったが、これを通じ配信される文字情報だけでは、各会員にどのような具体的興味関心があるのか、また、実際の活動

がどのようなものであるのかについて、必ずしも双方が十分な情報を得ることはできない。そこで日弁連では、国際司法支援活動の分野において、年数回の頻度でセミナーないし研修会を実施し、会員に対して最新の情報を提供・共有するよう努めている。また、同実施にあわせて懇親会などの場を設定し、会員間の交流・意見交換の機会を設けて人材の育成と発掘に努めている。

　また、国際司法支援センターは、それ自身が現在人材育成機能も担っている。同センターには、活動の創生期から関与してきた矢吹公敏弁護士をセンター長とし、JICA長期専門家として被支援国への赴任経験を有する弁護士の他、弁護士登録後10年未満の若手弁護士も多数参加している。若手弁護士は、同センター事務局における各プロジェクトの運営、企画等の後方支援業務等を通じて、日弁連あるいは関連諸機関が実施する幅広い国際司法支援活動について最新の情報を得られる他、上記のように知見や現地での経験を豊富に有する弁護士から適宜の助言を受けながら、その活動に、日本において通常業務をしながら、実際に参加することができる。プロジェクトによっては若手弁護士も、被支援国への短期専門家等の派遣や国際会議の開催に事務監理者等として同行し、被支援国における活動に従事し、現地の実態を自ら見聞、参加体験することにより、いわゆるon the job trainingを受けることができる。同センターで活動する若手弁護士については、これらの活動体験を通じて日弁連等の国際司法支援活動の経験蓄積を享受し[4]、また、自らも活動の最前線に参加するという経験を経ることにより、将来、JICAの長期専門家等として現地に赴任すること、あるいは国内支援団体の主要メンバー等として活動することも想定されている。現に、最近も同センター事務局次長経験者が、日弁連の推薦を受けて、JICA長期専門家として現地に派遣されており、今後も同センター事務局における経験を有するものがさらなる活動の場を得て活躍することが期待されている。

(3) 若手育成に関する国際協力活動基金の活用

　日弁連は、非営利法人であり、会員からの会費でその活動がまかなわれている。日弁連の各委員会はそれぞれ割り当てられた予算を有するが、その額は必ずしも大きいものではなく、充実した国際支援活動を実施するには、外部からの資金調達が不可欠である。現在、日弁連が実施・協力する主要なプ

ロジェクトはJICAの委託によるものが中心となっており、その活動はJICAの委託費等によりまかなわれているが、それらの資金の透明な管理および有効活用のために、一般会計からは切り離された国際協力活動基金が2001年に創設されたことは別稿（本書第1部第1章）記載のとおりである。

同基金には、創設後、JICA等外部団体からの受託報酬等を継続的にプールしてきており[5]、現在一定の金額が備えられている。例えば、マレーシア弁護士会との共催で開催した国際会議（2008年10月。本書第1部第1章参照）においては、自弁での参加が難しい途上国の弁護士らの渡航費・滞在費の補助や、会議開催費用に同基金を活用し、特に支援を必要としている国々の弁護士の参加を確保して充実した内容のセミナーを実施することができた。

3　若手の国際司法支援活動参加における課題と展望

日弁連による活動は、15年以上もの歴史を経て大きくその幅を広げてきたものであるが、特に若手会員の活動参加の促進の観点から、今後の活動の一層の充実に向けた提言も含めて、現在の課題と展望について述べたい。

国際司法支援活動が長期にわたる取組であり、また基本的には人間間による技術や知識等の伝達を基礎とするものであることに鑑みれば、その活動の充実のためにおそらく最も重要であるのは、従事する人材の確保とその育成である。特に日弁連として強化すべきは、①（日弁連会員における）人材確保のための取組と、②（将来弁護士、すなわち日弁連会員になろうとする）学生等に対する働きかけの強化であろう。

(1) 日弁連内における人材確保

日弁連における国際司法支援活動は、（例えばJICAの長期専門家として被支援国現地で活動に従事する場合、その期間はJICAから給与等が支払われるが）基本的には公益の為のプロボノ活動であって、活動に対する報酬を得ることはない。したがって、長時間の時間と労力をかけて継続的に同活動への参加を続けることは、必ずしも全ての弁護士にとって容易ではない。特に、経験年数が短く経済基盤が十分でない若手弁護士にとっては、なお一層困難なケースが多いと思われる。

また、日弁連による主要な支援対象国は、日本企業もまだ多数は進出していない発展途上国が多いこともあり、現地における活動やプロジェクトへの関与経験が、すぐに営利を目的とした弁護士業務（例えば国際的ビジネス活動への助言）に直結して役に立つという状況にはないことも多く、当初は公益活動であっても後に営利活動等につながり得るという点に、弁護士の参加動機を求めることも現状では難しい[6]。現在は、営利を求めず、途上国への司法支援という公益活動に「やりがい」を見いだし、その為に自ら時間と労力を割いて活動したいと希望する有志の弁護士によりその活動が支えられているのが現状であると思われる[7]。

　このことは、公益活動としての国際司法支援活動に対して高い意欲と使命感を有する弁護士を自然に誘因する利点を有する反面、登録当初は勤務弁護士（アソシエイト弁護士）やいわゆる「居候弁護士」として雇用されるのが一般的である若手弁護士の活動参加・関与を事実上難しくしているのも事実である。国際司法支援活動への関心は、その言葉が浸透し活動が広く知られるようになってきたことを受けて、近年若手法曹の間でも急速に高まりつつあるものの、他方で、そのようなプロボノ活動に参加しながら通常の弁護士業務に従事することについては、近年の弁護士人口増加による就職難等も影響して、若手弁護士に不安を生じさせている。これらの不安に対しては、弁護士は自分で物事の解決策を探し出し、また自身で道を切り開いていくべきであるという考えも強いようであるが、より積極的に、多くの若手弁護士の参加を促すような対策を講じてもよいのではないかと考える。

　まず第1に、特に若手弁護士が国際司法支援活動に参加するにあたっては、所属事務所や周囲の弁護士の理解が不可欠である。活動における拘束時間が比較的短く、通常業務との両立がしやすいと考えられる国内における支援活動であっても、例えば国際司法支援センターにおいては、月約1度のペースで定期会議を行って常時複数のプロジェクトを運営しており、これに参加するにも相応の時間を割くことが必要である。さらにJICAの長期専門家等として海外赴任をする場合には、経験を重ねた弁護士ほど、顧客との関係あるいは事務所運営上の理由から日本を長期間離れることが難しくなるものであって、事案の引継等につき事務所や周囲の弁護士らの理解は欠かせない。したがって、より多くの若手弁護士の参加を促し、継続的に活動に参加

することを希望する弁護士を確保するためには、若手弁護士の活動への関心を高めることだけではなく、彼らの所属事務所の経営者らやその周囲の弁護士（より具体的には年次の高い弁護士層）らの理解を得ることが必要である。

そのためには、国際司法支援センター等における活動への参加や、発展途上国等においてJICAの長期専門家として国際司法支援活動に従事することの意義が、日弁連の各会員弁護士に、一層広くまた深く認知・理解されなくてはならない。そこで今後は、そのような明確な目的意識をもって、国際司法支援活動の意義等についての（日弁連内部あるいは各会員に向けた）情報発信や、会員同士の意見交換等に一層精力的に取り組みたい。

日弁連においては、現在常勤専従のスタッフもおらず外部から恒常的な資金提供等を特段受けてはいないなかで、組織立った形での広報活動やきめの細かい情報発信を直ちに実施することは困難ではあるが、定期的な機関誌を発行することや、過去の活動の記録やその意義を纏めた書籍の出版などによって情報発信を行う事は、効果的な策として検討に値すると思われる。

第2に、優秀な人材を長期的に確保するためには、例えばJICA長期専門家等として経験を得た後にさらに活躍できる場を設けるなどして、国際司法支援活動への参加を、弁護士にとってより魅力的なキャリアパスと位置づけることが必要である。この観点からは、例えば国際援助機関への就職などに複数の実績を作ることが有効であろう。そのためには、国際法曹協会（International Bar Association: IBA）、米国法曹協会（American Bar Association: ABA）やドイツ連邦弁護士連合会（Bundesrechtsanwaltskammer: BRAK）を始めとする他の国際機関との共同実績が重要であり、日弁連は、引き続きこれらとの協働での活動等を積極的に推進する中で、日本の弁護士による参加の場を拡大し、実績を重ねるよう努力すべきである。

(2) 学生および若手弁護士に対する働きかけ

以上は、既に弁護士になった者（日弁連会員）の参加の確保についてであるが、将来弁護士として国際司法支援活動に従事することに関心をもつ者の発掘と育成も重要である。特に、法曹を目指す学生の大半は司法研修を経たのち弁護士になるのであり、学生は将来の日弁連の国際司法支援活動を担う人材の宝庫ともいえる。よって、ロースクール（法科大学院）や大学の法学部

その他の関連機関とより緊密に協働し、教育活動にもより積極的に参画していく必要が存すると思われる[8]。そのような教育活動においては、（上記の日弁連内における人材確保の方策にも関連するが）弁護士として国際司法支援活動に参加する意義や、通常の弁護士業務との両立、キャリアパスの展望などの点について、より多くの学生の関心を捉えられるような形での建設的かつ具体的な発信が求められていると言え、この点からも上記(1)と同様の取組が必要である。

1 国際交流委員会は、各国の法曹関係者との交流の活発化に伴い、わが国の司法制度・弁護士制度の紹介、諸外国の司法制度・法曹の動向などに関する調査・研究を行うとともに、必要な情報交換・交流を行うことを目的として設置された委員会であり、各地単位会から推薦を受けた委員と幹事が参加して、年6回（約2カ月に1度の頻度）の定例委員会が開催されている。
2 同事務局メンバーは、原則として、国際交流委員会の幹事ともなり活動する。
3 国際司法支援センターの業務については、日弁連国際課の職員が担当しているが、当該活動に専属（フルタイム）での従事ではなく、他の国際関連業務と兼務となっている。
4 特に、弁護士間での世代間共有の重要性については、日弁連国際交流委員会幹事の上柳敏郎弁護士が「法整備支援の制約条件とその克服（特集・法整備支援の課題）」法律時報82巻1号（2010年）57頁において指摘している。
5 例えばJICAからの受託プロジェクトの場合、当該委託契約に基づき日弁連が得る受入業務諸費や一般管理費などについては、関与した弁護士に分配するのではなく、同基金に積み立てる形で同基金の充実を図っている。
6 もっともベトナムやインドネシアといった国については、近年急速な経済発展を受けて日本企業等の進出も進み、状況に変化があるように思われる。
7 弁護士会によっては、国選弁護や当番弁護、委員会活動などの公益活動への従事を、例えば年間1件以上の国選弁護の担当や、委員会会合へ年間5回以上出席することといった形で義務づける会もあり、かかる義務履行方法の1つとして国際司法支援活動を位置づけることで、より多くの弁護士に対し国際司法支援活動への参加を促すことができないか、という議論もある。確かに、現在国際司法支援活動に参加している弁護士のうち、かかる義務を同活動への参加により履行している者は少なくない。しかし、かかる義務は、通常年間10数時間の委員会会合への参加などで十分に履行できることが多く、1週間近くに及ぶ海外現地渡航とそれに向けた入念な事前準備など、時に集中的な活動参加を要する国際司法支援活動が、公益活動履行義務との関係で有力な選択肢として機能するかは、疑問であるように思われる。
8 既に早稲田大学や中央大学等複数のロースクールにおいて、弁護士が国際司法支援に関する授業を担当しており、同講座から国際司法支援に携わることを希望する人材が輩出するなどの一定の成果を上げている。法律を学ぶ学生らに対する育成・教育という観点からは、法務総合研究所国際協力部がインターンシップを、JICAが司法修習の選択実習として修習生の受入を実施するなどしており、日弁連としても、国際司法支援センターがさらに恒常的な機関となった際には、同所におけるインターン等の受入可能性などについて検討すべきであろう。なお、修習生による事務局会議等の見学は、現在も個別に受け入れている。

第2章
日本弁護士連合会による
国際司法支援の展望

矢吹公敏

1　国際司法支援と我が国の司法界

　日本の司法界は、10年ほど前までは国際的問題に消極的であった。それは、裁判制度を中心としたこれまでの司法が立法・行政と異なり、国際管轄という枠組みの中で国内中心の国権作用を担ってきたからであり、また、司法界の構成員である裁判官、検察官および弁護士がこれまで国際的な司法問題にそれ程興味を示さなかったことも一因であると思われる。

　ところが、ここ20年程の間にカンボジア、ボスニア、イラク、アフガニスタン等の中東・アジア地域、コソボ、アフリカ、東ティモールを含むインドネシア等世界の多くの地域で紛争が頻発している。その度に戦争や紛争の被害や犯罪に関する人道問題の解決の必要性が生じ、また紛争後の復興の枠組みの一つとして裁判所を中心とする司法制度の確立の必要性が明確な形で意識されてきた。さらに、中・長期的にはこれらの国および地域が経済的に発展できる礎となる市場経済化のための各種の政策が推進されることになる。しかしながら、紛争国および地域の自助努力だけでは、こうした作業を推進することはできず、国際社会の協力が不可欠となってくる。

　こうした問題に対し、最近、日本の司法界も司法の分野で各種の支援・協力活動を開始し、実績を積み上げてきている。2001年6月に発表された政府司法制度改革審議会の最終意見書でも、アジア諸国に対する法整備支援に関する記載があり、また、2007年には内閣府でも法整備支援を日本の国際貢献の一翼を担うものとして取り上げ、「世界に誇る、わが国の法制度整備支援の戦略的ビジョン」と題する提言をして、政府の海外経済協力会議で取り上げ、今後この分野でのわが国の積極的な活動を示唆している。2009年4月に同会議に法制度整備支援に関する局長級会議で「法整備支援に関す

る基本方針」[1]が策定され、我が国がオールジャパンによる支援体制を強化していくと明言された。

本稿では、日弁連の今後の国際司法支援のあり方について検討を加えたい。

2　今後の日弁連の国際司法支援活動の展望

本書で述べたように、日弁連の国際司法支援活動も徐々に活動の幅と量が拡大しているが、これからの日弁連の司法支援活動の展望について述べる。

(1)　我が国の国際司法支援（法整備支援）のあり方（戦略論）

第1に、より戦略的な取組みが必要だと考える。日弁連はアジアの弁護士会の一つとしてアジア諸国における法の支配の確立に協力することが求められている。確かに、アジア以外の地域への国際協力活動も必要である。しかし、少ない人的資源を投入して成果を出すには、それを集中することが適当であり、こうした視点からすると、アジア弁護士会会長会議（Conference of the Presidents of Law Associations in Asia: POLA）などとの連携を図るなどして、アジア地域への集中化と協力内容の充実をはかることが必要であると考える。アジアには、東ティモール、ミャンマーなど紛争直後の制度整備を必要とする国々があり、自由主義圏だけではなく、社会主義など多様な制度を持つ国家が存在し、また地理的に言えば西アジア、中央アジアから北東アジアまで広域をカバーしているのであり、その中でどのような活動をするかが課題である。

我が国の国際司法支援を支える戦略を策定することは急務である。様々な経験（特に現場体験）と知見、戦略論、組織体制を有する体制で検討すること望ましい。また、これは、単に国内の司令塔だけではなく、国連諸組織、世界銀行、他国の機関などと強いパイプをもつ組織にすべきである。

さらに、国際的標準を念頭においた国際的協調・協力による国際司法支援を推進すべきである。国際司法支援もドナー間競争の一面があり、そのような場に適切に対応できる国際的な知見を学ぶべきである。

また、国際司法支援のシンクタンク機能をはたす機関を設置するべきであ

る。これまで、現場での活動に従事する機関は多くあったが、我が国の国際司法支援について調査・研究・分析するシンクタンク機能を備えた機関はなかったように思われるからである。

　最後に、官と民間とが連携した組織による柔軟な組織体制が臨まれる。非政府組織（NGO）の活用は世界政治では重要な論点となっており、我が国においても世界の潮流の考え方を導入すべきである。さらに、民間による国際司法支援を充実するためにも民間ファンドの育成が急務である。米国では、アジア財団（Asia Foundation）、フォード財団（Ford Foundation）、ソロス財団（Open Society Foundations）などの民間ファンドの果たす役割が大きいのである。

　国際司法支援の成功の鍵はいくつかある。対象となる相手国の需要（ニーズ）に即した支援であること、適切なカウンターパートを選択し他の政府機関および支援組織と調整すること、他の支援団体との調整をすること、適切な計画を立案すること、現地カウンターパートと協働すること、プロジェクト評価を適切にすること、などである。いずれも、継続した経験とそれを踏まえたプログラム化を図ることで実現できると考えている。

　日弁連も以上のような我が国の取組みに、積極的に参画していきたい。

(2) 日弁連活動の認知

　第2に、日弁連の国際協力活動が認知されることが必要である。人権NGOとしての活動は日弁連の活動として重要である。国際協力活動もそうした人権NGOの活動の一つだが、国際社会・国内でこうした活動が認知されることが、よりよい活動につながる。

　そのためには、適切な広報活動が大切である。また、国際機関や海外の弁護士会との連携も重要である。日弁連が呼びかけて2008年にクアラルンプールで開始されたアジア司法アクセス会議は隔年で開催されているが、このような積極的な取組みが必要である。

　また、国際法曹協会（International Bar Association: IBA）、ローエイシア（Law Association for Asia and the Pacific: LAWASIA）などの国際的な法曹団体との協力、米国法曹協会（American Bar Association: ABA）などの他の弁護士会との共同プロジェクトの推進が望まれるところである。また、国

連開発計画（United Nations Development Programme: UNDP）、国連人権高等弁務官事務所（Office of the United Nations High Commissioner for Human Rights: OHCHR）などの国連機関、アジア開発銀行（Asian Development Bank: ADB）などの地域的国際機関のプロジェクトに参加することを検討したい[2]。

(3) 多様な活動の実施

第3に、活動の幅の拡大である。特に、今後はミャンマーなどのアジア地域での紛争直後の国に対する平和構築活動への参加を検討することが望まれる。紛争直後の国では裁判制度をはじめ法の支配の基本インフラが崩壊している。こうした国々における法の支配構築に、日弁連が当初から携わることができるように研究、国際機関の活動への参加、パイロットプロジェクトの推進などを開始していきたいと考えている[3]。

また、東日本大震災での活動を参考に、自然災害直後の司法インフラ整備にも貢献したい。

(4) 人材インフラの整備

我が国の国際司法支援の標語は「人材」（内なる人材と相手国の人材）である。各分野に精通した法律実務家、特に国際舞台で活躍してきた実務家の供給が必要である[4]。国際司法支援の現場で活躍してきた実務家がさらに活躍する場を設け、安定した人材供給源を育成し、人材の養成を含めて委託することが望ましい。

現在、国際司法支援活動弁護士登録制度には約250名の弁護士が登録し、活動に参加しているが、この登録をさらに増加させていきたいと考えている。また、国際交流委員会に国際司法支援センターが設置されているが、若手弁護士が積極的に参加しており、そうした若手の育成をさらに図っていきたい。国際司法支援の分野でも、弁護士の活動の多くはプロボノ活動（営利を求めない公益活動）に支えられている。こうした活動に参加する弁護士のための養成コースも、2012年9月から開始した。

また、日弁連会員が、複数の法科大学院で法整備支援の授業を担当しており、法曹の卵の段階から人材の育成を図っている。

こうした活動に参加することを誇りに思う弁護士が数多く輩出することを願ってやまない。

(5) 財務的な支援体制の充実

第5に、財務的な支援体制である。カンボジアの弁護士会プロジェクト等、日弁連のプロジェクトの多くはJICAの資金で実施している。また、専門家の派遣も同機構のプロジェクトに参加する形で行われている。日弁連では、国際司法支援基金を設置して、JICAプロジェクトで得た委託料などを基金化しているが、その充実を図る必要がある。

また、今後、日弁連のプロジェクトでは、他の財団などのファンドから資金を得たり、国際機関からのプロジェクトを受任するなど、多様な資金の給源を求める努力をしているところである[5]。

1 外務省ウェブサイト<www.mofa.go.jp/mofaj/gaiko/oda/seisaku/keitai/gijyutsu/houseido.html>。
2 日弁連では、現在、国際司法支援協会（International Legal Assistance Consottium: ILAC) およびIBAと協力して、イラクの法曹のトレーニングプロジェクトを実施した。また、ABAと協力して、UNDPから依頼のある国際司法支援プロジェクトに応答するとともに、今後さらにUNDPとの関係を強化することも検討したい。
3 前掲注2のイラクプロジェクトがその好例である。
4 法整備支援活動に従事する弁護士は、先進国での契約交渉などとは異なり、発展途上国や移行経済国およびそこに生活している人々に対する深い愛情と、その国の司法制度の改革ひいては人権擁護の確立という活動に情熱を傾注できることが不可欠の条件となる。そのためには、支援対象国の政治、経済、社会および法文化を受容し、十分理解しようとする謙虚さが要求される。また、自分だけの判断に偏らず、広く対象国の専門家の意見を聴取し、関連文献を精査するなどの地道な調査研究をする能力が求められる。また、各種の法整備支援活動の理解と相互協力、法律の専門性とリーガルマインド、スケジュールの調整力、語学力という様々な能力が必要である。
5 2012年度に実施されるラオス司法アクセスプロジェクトは、民間のファンドから資金を得ている。

第4部 資料

資料①
日本弁護士連合会による国際司法支援活動[1]の基本方針

(平成21年3月18日理事会議決)

1　基本理念

　日本弁護士連合会（「日弁連」）の国際司法支援活動は、以下に述べるような基本理念に基づいて実施されるものである。

(1)　基本的人権の保障と恒久平和主義

　日弁連は、現憲法を擁護することを活動の基本としてきた。憲法前文では、恒久平和主義・平和のうちに生存する権利を謳い、「平和を維持し、専制と隷従、圧迫と偏狭を地上から永遠に除去しようと努めている国際社会において名誉ある地位を占めたいと思う。」という国際的な協力の責務を規定している。

　さらに、弁護士法1条1項は、「弁護士は、基本的人権を擁護し、社会正義を実現することを使命とする。」と規定され、これを受けて日弁連会則2条は「本会は、基本的人権を擁護し、社会正義を実現する源泉である。」と明記している。日弁連は、この使命を遂行するために会員とともに協働しているのである（同会則3条）。

　また、日弁連では、世界人権宣言をはじめとする国際的人権基準の普遍的遵守と保障の促進とが、全ての国の厳粛な責務であることを謳ったウィーン宣言およびその行動計画（世界人権会議1993年採択）の実施に積極的に関与・協力していくことを決意し、宣言しているが[2]、日弁連の国際司法支援活動もこの責務の実行の一環として考えるべきである。

　日弁連が国際司法支援活動を実施する際にも、憲法に謳われた恒久平和主義・基本的人権の尊重、弁護士法1条の基本理念および国際人権基準の遵守と保障への決意に従い、国際協力を実施する責務を自覚し、我が国最大の人権NGOとしてその国際司法支援活動を行わなければならない。

(2)　法の支配

　日弁連では、憲法の底流に流れる「法の支配（rule of law）」の実現のために日々努

力しているところであるが、その国際司法支援活動においても同様である。

そこで、日弁連では、その司法改革実行宣言[3]において「法の支配」が社会のすみずみにまで及ぼされ、市民の期待にこたえる司法を実現することが、弁護士・弁護士会の市民に対する責務であると述べているが、その責務は国内にとどまらず、国際的にも遂行されるべきものである[4]。日弁連が、国際司法支援活動を実施するに当たっても、「法の支配」の実現に向けた活動であることを基本理念の一つとすべきである。

2　基本方針

上記の基本理念に基づき、日弁連の国際司法支援活動の実施に当たっては、以下の基本方針を念頭において行うものとする。

(1)　基本理念の実現

日弁連の国際司法支援活動は、基本的人権の保障・恒久平和主義・法の支配という基本理念を実現することを目的とすべきである。

(2)　政治的不偏性と中立性

日弁連の国際司法支援活動は、政治的不偏性・中立性に基づくものでなければならず、実際の活動の実施にあたってはこの点に十分に留意するべきである。

(3)　活動プロセス

国際司法支援活動を実施するに当たっては、原則として以下の点に留意すべきである。

① 　市民の自立支援

国際司法支援活動は、現地の実情に応じた支援でなければならず、現地からの要請に基づいた自立支援によるものとする。現地では、政府、市民、企業など様々な利害関係者がいるが、日弁連の活動は、常に最終的な受益者である市民の立場に立脚した自立支援を目的とすべきである。

② 　カウンターパート（共同実施者）との協働

上記ア.（ママ）の目的を実現するために、現地のカウンターパート（共同実施者）との協働を図るべきである。

③ 　フォローアップの実施

日弁連が行った国際司法支援活動が本基本方針に沿ったものであるか常に検証す

るべきである。そのため、その活動について活動中およびその後にフォローアップ評価を行うことに努めるべきである。

④ 安全性

日弁連が国際司法支援活動を実施するにあたっては、参加する会員等の安全性に十分に配慮して実施すべきである。

(4) 弁護士および弁護士会への支援活動

日弁連による独自の国際司法支援の活動として、対象国の弁護士および弁護士会に対する協力および弁護士制度の構築に関する助言を積極的に推進すべきである[5]。

弁護士は法曹の一翼を担う重要な役割を果たしており、特に途上国では、人権問題などが顕在化する中でその擁護者としての途上国の弁護士の活動は重要である。他方、こうした途上国の弁護士の活動の支援には政府ODAが目を向けることは少なく、他の団体も支援活動を積極的にするわけではない。こうした環境のなかで、日弁連が、弁護士の団体として他の機関と重複しない支援協力活動を実施するという観点からも、日弁連が途上国の弁護士および弁護士会に協力することには意義がある。

(5) ODA（政府開発援助）との関係

政府とは異なる立場で国際司法支援活動を行う日弁連は、ODAとの関係について慎重に検討の上で参加の是非を判断すべきである。

ODA大綱では、司法の役割に触れる部分として、①「良い統治」（グッド・ガバナンス）に基づく開発途上国の自助努力、②個々の人間に着目した人間の安全保障、③平和構築の努力、④政府開発援助の実施にあたっては、国際連合憲章（特に、主権、平等および内政不干渉）を踏まえて、開発途上国の援助需要、経済社会状況、二国間関係等を総合的に判断すること、⑤開発途上国の民主化の促進、市場経済導入の努力ならびに基本的人権と自由の保障状況に十分に注意を払うこと、などの記述がある。これは日弁連の活動理念と相通じる点もあるので、ODAと有機的かつ効果のある協力活動（最大効率をあげる手法）を実施するために、上記の日弁連の基本理念および基本方針に反しないことを条件として、ODAと協働して活動することも考慮するべきである[6]。

付記：本基本方針には、「国際司法支援基本方針の解釈指針」が附帯している。

1 政府では司法に関する国際的支援活動を「法整備支援」と呼んでいる。他方、日弁連内部では、「法整備支援」が当初立法支援活動を中心としてきたことから、より幅の広い活動を想定して「国際司法支

援」という用語を使用してきた。そこで、基本方針の策定にあたっても、「国際司法支援」という用語を使用している。日弁連では1999年9月に「国際司法支援活動弁護士登録制度」を設立したが、同登録制度上、「国際司法支援活動」とは、以下のように定義されている（制度規則第2条）。しかし、この定義には様々な活動が記載されている。今後、この「国際司法支援活動」の範囲・内容について検討していく必要がある。

「国際機関、諸外国の政府機関及び弁護士会を含む法律家の団体（以下「国際機関、諸外国等」という。）に対して行う次のような活動をいう。
　一　諸外国の法曹養成に関する支援
　二　国際機関、諸外国等の条約、法律などの立案への支援
　三　国際人権・人道活動への参加
　四　国際機関、諸外国等が行うその他の司法関連活動への参加
　五　法律文献などの資材供与」

2　1998年9月18日第41回人権大会宣言。
3　第57回定期総会・司法改革実行宣言（2006年）。
4　司法制度改革審議会意見書（2003年）は、「国際社会は、決して所与の秩序ではない。既に触れた一連の諸改革は、ひとり国内的課題に関わるだけでなく、多様な価値観を持つ人々が有意的に共生することのできる自由かつ公正な国際社会の形成に向けて我々がいかに積極的に寄与するかという希求にも関わっている。」と謳い、さらに「発展途上国に対する法整備支援については、政府として、あるいは、弁護士、弁護士会としても、適切な連携を図りつつ、引き続き積極的にこれを推進していくべきである。」と述べているのも、その趣旨である。
5　参照、弁護士の役割に関する基本原則（国連犯罪防止会議1990年採択）。
6　日弁連では、1996年から独立行政法人国際協力機構（JICA）が主催するインドネシア、中国、モンゴル、カンボジア、ベトナム、ラオス、などに対する国際司法支援活動に協力してきたことはその現れである。

※　本書収録にあたり、編者で注番号を通し番号に改変した。

資料②
国際司法支援活動基本方針の解釈指針

（平成21年3月18日理事会議決）

　当連合会では、国際司法支援活動の基本方針（「基本方針」）を作成しました。その検討の過程で基本方針に関連する国際司法支援に関する重要な論点について討議がなされたことから、その討議の結果を「国際司法支援活動基本方針の解釈指針」としてまとめ、基本方針の付帯文書とすることが適当であると思料いたします。

　当連合会としては、その国際司法支援活動を実施するにあたり、本解釈指針にも留意するものとします。

　その論点とは、以下のとおりです。

1　「対象国の民主化の状況、基本的人権・自由の保障状況に十分に留意すべきである。」という文言について
2　「法の支配」の解釈について
3　「ジェンダーの視点」について
4　「外部資金の利用」について
5　「日本の弁護士・司法制度の国際化」について

1　「対象国の民主化の状況、基本的人権・自由の保障状況に十分に留意すべきである。」という文言について

(1)　はじめに

　基本方針2(2)の検討の過程で、対象国の民主化が図られていない場合には、開発援助などをせずに人権状況の改善や民主化の促進を図る考え方もあり、「対象国の民主化の状況、基本的人権・自由の保障状況に十分に留意すべきである。」との文言を加えるべきであるという提案が提起されました。

　他方、その文言を加えることに慎重な意見も提起されました。その理由は、そのような文言があっても融和的なアプローチで民主化を促す独自の戦略をとり、それらに問題のある対象国に対しても支援を行う考え方もあり、同じ文言を使用していても、そのアプローチの仕方やその力点の置き方で対応が随分変わる可能性があるというものです。

　また、「民主主義」または「民主化」は、日本国内の憲法体制のもとでは、日本の政

治体制を支える大原則として、それに対して異を唱えられることはないと思いますが、それらが政治体制を異にする外国の状況に対して用いられる場合には、その用語の用い方にそれなりの注意を必要とします。

そこで、「民主主義」または「民主化」についての考え方、対象国の人権状況と当連合会の国際司法支援の関係について、その指針を述べます。

(2) **指針**

① 第1に、「民主主義」「民主化」という文言ですが、何をもって「民主主義」が実現されていると評価するかは、国際社会の中に確定した考え方があるわけではありません[1]。第2に、そのような国際社会のもとで、国家間あるいは国際組織が他国の国内問題に干渉することを違法とする不干渉の原則は、第2次世界大戦後に人権や人道の分野において大きく例外が認められるようになった今日においても、なお基本的には妥当しています[2]。第3に、そのような国際社会を前提として、国際人権法は、特定の憲法や政治形態を前提とはせず、また特定の人権理念への信仰を要求するものでもなく、世界的なコンセンサスに基づいて承認と尊重を要求するものとして存在してきました[3]。そして第4に、国家間における「民主主義」の要求は、時として、国家の独立を損なうような政治的干渉あるいは戦争の口実として用いられてきたのです[4]。

このような状況の下で、国際司法支援の条件として「民主主義」を掲げることは、「民主主義」という政治体制の要求を口実とした内政干渉、あるいは近時西側諸国がとっている自由と民主主義の「価値観外交」の一端を担うものとの誤解を受ける余地が多分にでてきます。他方で、「民主化」の要請を条件とすることは、「民主主義」という政治体制を要求する場合に比べて一定程度、政治体制要求の性格が薄まる点はあります。しかし、「民主化」を要求せざるを得ない国家においては、ほとんどの場合に「民主化」要求を掲げる反政府勢力が存在することから、「民主化」を条件とすることが、それらの勢力を側面支援する政治的なものであり内政干渉であるとの誤解を、支援の相手国から受ける危険性をはらむことになります。

これに対して、国際人権法は、そのような民主化の内実を、政治体制に関わることなく、個人の市民的および政治的権利として要求しています。世界人権宣言や市民的および政治的権利に関する国際規約（自由権規約）は、それぞれに、意見および表現の自由、集会および結社の自由、そして選挙を通じての政治参加を求める権利を、政治体制に関わらない普遍的な人権として、その保障を各国家に求めているのです[5]。

それゆえ、国際司法支援の実施の判断に際して相手国に求めようとするのが、特定の政治体制ではなく、上記のようなその国民への政治的諸権利の保障であるとするな

らば、あえて誤解を招く多義的な「民主主義」または「民主化」をその指針に掲げるよりも、国際人権の中でもとりわけ政治的諸権利の実施状況を対象とすることがより効果的です。当連合会が国際司法支援を実施する際にもその視点を基本とすべきです。

② 実際に、当連合会が行う国際司法支援の対象となる国として、当該国家による人権侵害や表現の自由、集会および結社の自由等の政治的諸権利が保障されない抑圧的な体制が国際的に指摘されている国もその候補となることがあります。

このような国については、当連合会が実施しあるいは参加する国際司法支援が対象国の人権抑圧的な体制を助長する結果を招来したり、その体制を正当化する結果とならないよう配慮すべきことが、法の支配の確立や人権の保障という基本方針の目的から要請される留意点です。

他方、基本的人権・自由の保障の拡大という点において有効な国際司法支援が可能であれば、これを実施しあるいはこれに参加することは基本方針に沿うものであると考えられます。

③ そこで、当連合会としては、国際司法支援の実施にあたっては、対象国の基本的人権、特に表現の自由、集会および結社の自由等の政治的諸権利の保障状況に留意し、対象国にある人権侵害や人権抑圧的な体制を助長したり、正当化する結果とならないように、司法支援の是非、内容および方法などを十分に検討すべきです。具体的には、国連や諸外国、NGOなどが発表する対象国の人権状況に関する報告書などによって対象国の人権状況の正確な把握に務めるべきものと考えます。これに基づいて、当該司法支援の是非を検討し、これを是とする場合には、対象となる支援の法領域や法曹養成の対象者、カウンターパート機関、当連合会の関与の方法および程度などについて、当連合会の独自の立場から検討を行うべきであると考えます。

2 「法の支配」の解釈について

(1) はじめに

基本方針1(2)において基本理念の一つに「法の支配 (rule of law)」を掲げています。

以下では、当連合会が国際司法支援を検討または実施するに当たり、この「法の支配」に関する解釈の指針を述べます。

(2) 指針

① 「法の支配」は、「人」による支配ではなく、「法」による支配であるといわれ、各法支援実施団体のガバナンスの原則として用いられています。その概念や範囲は必ずし

も一義的ではありません。国連、各国機関、学会、法律実務家などが「法の支配」の定義およびその外縁について議論していますが、確定的ではありません[6]。

したがって、「法の支配」という用語を用いるときには、その概念や範囲は必ずしも一義的ではないことを理解することが必要です。その上で、不断に研究し知見を高めることにより、当連合会の国際司法支援活動における「法の支配」の概念や範囲を求める努力が必要であると考えます。

② ここで、参考として、国際連合が国連事務総長名で2008年に発表した「Guidance Notes of Secretary General: UN Approach to Rule of Law Assistance」について簡単に述べます。

このNotesによると、「法の支配」は、「国家を含めて、すべての人、公的機関、民間団体が法に対して責任を負うことである」とされ、そこでの「法」は、「公布され、平等に執行され、独立して審理され、国際人権に関する規範および基準に一致する」ものであると規定されています。また、「法の支配」に必要な要素として、法の優越原則への信奉、法の下の平等、法に対する責任、公平な法の適用、権力の分立、決定機構への参加、法的安定性および手続と法律の透明性を挙げ、その実現のために司法の重要性を説いています。その上で、指針・原則として国際規範および基準[7]に関する基礎支援、政治的背景への配慮、国特有の状況に対する基礎支援、人権・男女同権の促進、国の自主性の保障、国の改革構成要素の支援、一貫した包括的戦略的アプローチの保障、効果的な協力関係の構築を挙げています。また、法の支配を強化するための枠組みとして、憲法およびそれと同等の国家の最高規範、人権保障を図る国際規範や基準に準拠した法的枠組およびその執行、選挙制度、正義・ガバナンス・安全と人権の実施、司法のプロセスと機能ならびに法の支配を強化し公務員と政府機関が責任を負う市民社会のシステムを列挙し、説明しています。

③ 当連合会では、上記のような「法の支配」に関する様々な解釈や考え方[8]を不断に研究し、当連合会が行う国際司法支援活動においても、真の「法の支配」の実現に貢献できるように努力していくべきものと考えます。

3 「ジェンダーの視点」について

(1) はじめに

国連では、1995年の第4回世界女性会議以降、繰り返しジェンダー主流化の重要性が確認されてきました[9]。ジェンダー主流化とは、すべての分野・すべてのレベルにおける、立法・政策またはプログラムを含むすべての計画に基づく行動が女性と男性

にもたらす影響を評価する過程のことです[10]。2005年世界サミット成果文書は「我々は、ジェンダー平等を実現するためのツールとしてジェンダー主流化の重要性を認識する。この目的のために、我々は、政治、経済、社会のあらゆる分野における政策およびプログラムの企画、実施、モニタリング、評価において、ジェンダーの視点の主流化を積極的に推進することを約束し、さらに、ジェンダー分野において国連システムの対応能力を強化することを約束する」と述べています[11]。

　国家の憲法および法令は人権擁護の基礎をなすものであり、司法制度における政策・手続および実行はすべての個人の人権の平等な享受を決定するものです。したがって、司法制度がその国に生活するすべての人の目から見て信用性と正統性を備えたものであるためには、改革の過程に社会のあらゆる集団が参加し、そのニーズに応えるものでなければなりません。

　世界中で、司法へのアクセスにおいて、女性は女性に特有の障害を経験していると言われています。そのため、紛争後国、移行期国、途上国、および、先進国にかかわらず、すべての状況の国における司法制度改革に女性が参加し、ジェンダーの視点を組み入れていくことが必要です。

　そこで、当連合会が国際司法支援を検討または実施するに当たり、「ジェンダーの視点」をどのように取り入れるのかについて、その指針を述べます。

(2)　指針
①　当連合会の国際司法支援活動が、世界人権宣言をはじめとする国際的人権基準の普遍的遵守と保障の促進についての責務の一環として行われるものである以上、前項に述べたジェンダー主流化に関する国際的潮流を踏まえ、当連合会が関与する国際司法支援活動の過程に女性の参加、ジェンダーの視点の統合が確保されるよう、当連合会として努めるべきであると考えます。

②　また、当連合会は、2002年に「ジェンダーの視点を盛り込んだ司法改革の実現をめざす決議」、2007年に「日本弁護士連合会における男女共同参画の実現をめざす決議」を採択しています。当連合会が日本の司法改革および当連合会におけるジェンダー視点の統合に努力するだけでなく、国際司法支援活動として、他国における法制度の整備や改革、法曹養成、弁護士会の能力強化等に対する国際協力を行う場合に、その過程にジェンダーの視点を組み入れ、対象国の司法制度におけるジェンダー平等の確保に向けて努力することは、これらの決議の趣旨からも要請されるものです。

③　個々の国際司法支援活動にジェンダーの視点を組み入れる必要性やあり方は、具体的なプロジェクトにより異なりますが、すべてのプロジェクトの企画、実施、モニタ

リング、評価にジェンダーの視点を組み入れることを検討することが重要です。

4 「外部資金の利用」について

(1) はじめに

国際司法支援活動を実施するためには資金（ファンド）が必要です。

当連合会の自己資金にも限度があり、外部資金を利用する機会も多いといえます。また、外部機関のプロジェクトに参加する場合は、その機関の費用で支援を実施するといえます。

そこで、当連合会が国際司法支援を実施するに当たり、外部資金の申請や利用に関して留意すべき指針を述べます。

(2) 指針

① 当連合会が外部機関の資金を申請する場合に、その外部機関やその資金が当連合会の国際司法支援の基本方針からして適切な団体および資金であるかを慎重に検討する必要があります。その際に、ア．外部団体の設立趣旨、イ．その活動、ウ．資金の目的、エ．資金の利用・審査条件、オ．当連合会の責任、カ．当連合会のプロジェクトからして当該資金の利用に関する負担が過重とならないか、キ．その資金を利用することにより、当連合会の自主性を失うことにならないかなどを精査することが肝要です。

② また、資金の承認を得た場合でも、ア．資金の利用条件を遵守し、イ．その管理を迅速かつ適切に行い、ウ．会計報告を当連合会および当該資金を出している外部機関に適切に実施することに留意すべきです。

5 「日本の弁護士・司法制度の国際化」について

(1) はじめに

司法改革により弁護士人口が大幅に増加する結果、弁護士業務分野の拡大・強化を図ることが当連合会の重要な責務となっています。国際司法支援活動には、日本法及び日本の司法制度の経験を基に行なう支援活動を通して、日本の法制度に対する国際的な理解を促進し、その結果、日本の弁護士の国際競争力を強化するという側面があります。

そこで、当連合会が国際司法支援を検討または実施するに当たり、「日本の弁護士・

司法制度の国際化」の観点も考慮に入れておくことが適当であると考えられますので、この観点に関する解釈の指針を述べます。

(2) 指針

　国際司法支援の拡大は、国際司法支援という法的サービスの分野で弁護士が活躍できる機会を拡大するだけでなく、弁護士の海外における業務の促進、弁護士の国際競争力の強化が図られるという意味で、日本の弁護士にとっても有益なものであることは間違いありません。それとともに、国際化が進む中で、発展途上国、市場経済への移行国、紛争後平和構築の途上にある国における法整備によって、円滑な社会経済活動の進展に資することにもなります。世界の国際司法支援において十分な存在感を発揮するために、日本の弁護士・日本法・日本の司法制度の良い側面を積極的に国際社会と共有していく観点から当連合会が国際司法支援に取り組むことも肝要です。

以上

1　例えば、社会主義国家は、自らのとる民主集中制（民主主義的中央集権制）を民主主義の発展形態として主張してきた。
2　例えば、山本草二『国際法【新版】』83項など参照。
3　L.ヘンキン（小川水尾訳・江橋崇監修）『人権の時代』188頁。
4　例えば、ブッシュ政権のもとでのアメリカ政府は、民主的な価値観の普及を、その外交の3本柱の一つとし、また、民主主義の確立をイラクにおける開戦理由として用いた。
5　世界人権宣言19、20および21条。自由権規約19、20、21、22および25条。
6　法の支配の定義には、(1)形式的定義（formal definition）、(2)実質的（拡張的）定義（substantive definition）および(3)機能的定義（functional definition）があるとされ、(1)は、法に関する客観的指標（①形式的に独立した、公平な司法部の存在、②公開された法律の存在、③特定の個人・階級のみに適用される法律の不存在、④遡及的法律の不存在、⑤政府の行為に対する司法審査に関する規定の存在等）への適合性を用いるものであり、(2)は、形式的指標への適合性のみならず、正義（justice）、公正（fairness）、自由（freedom）、平等（equality）、民衆的意思決定を介した実質的平等の実現等の社会善への寄与＝良い法の支配（the rule of good law）を主張し、(3)は、政府の恣意的な裁量権行使のコントロール、法的決定の予見可能性等の機能を実際に良く果たしているかどうかを指標とする。また、これ以外にも論じられているところである（松尾弘「国際開発援助と『法の支配』」（社会科学研究56巻5＝6号（2005）111頁以下）。
7　前記の国際規範および基準には、国連憲章・世界人権宣言、司法独立の基本原則、弁護士の役割に関する基本原則、検察官の役割に関する指針、法執行官の行動綱領などがある。
8　国際法曹協会（International Bar Association）は、2005年9月に「法の支配」に関する決議をしており、それも参考となる。
9　北京宣言パラ19、北京行動綱領パラ292。
10　UN Economic and Social Council, Report of the Secretary-General, Coordination of the Policies and Activities of the Specialized Agencies and Other Bodies of the United Nations

System : Mainstreaming the Gender Perspective into all Policies and Programmes in the United Nations System, 12 June 1997.
11　世界サミット成果文書パラ59。

※　本書収録にあたり、編者で注番号を通し番号に改変した。

あとがき

　本書は、国際司法支援を志す法曹や法科大学院で学ぶ学生を対象として、主に日本弁護士連合会（日弁連）の国際司法支援活動を題材に同活動の目的、活動歴、展望などを論説したものである。

　日弁連の国際司法支援活動の開始は、1995年に当時の外務省から委託を受けてカンボジアの法律家に対する本邦研修事業に参加したことに遡るが、それ以降現在に至るまで幅広く同支援活動を実施し、または参加してきた。私も、1995年に当時勤務していた事務所から日弁連の国際交流委員会に派遣されて参加したことがきっかけで、これまで17年間同支援活動をしている。その間に起こったいくつかの経験を述べたいと思う。

　1997年7月5日にプノンペンで武力衝突があった。ちょうどその日にプノンペンで開催されるNGOの理事会に参加するためにバンコクに降り立ったところプノンペン市内が炎上しているニュースを目の当たりにした。プノンペン空港も破壊されたことから同市に行くことを断念して帰国したが、そのときの思いから、翌年実施された国政選挙の際に国際選挙監視団の一員として参加した。そのような状況だったので、選挙期間中も殺人事件が相次ぎ、大変騒然とした中で選挙が実施され、監視する私たちも緊張を強いられた。しかし、そのような国で市民のために支援することの大切さを身をもって実感した。

◇

　2001年春にカンボジアで研修セミナーをしていたときに、当時のカンボジア王国弁護士会長と事務局長から相談を受け、メコン川河岸のレストランで弁護士養成校支援の依頼を受けた。当時は、どのドナーも協力していなかった。それがきっかけで、日弁連が同国の弁護士会支援プロジェクトを立ち上げてJICAのパートナー事業に応募、採択され、その後2010年まで続く長期のプロジェクトとなり、同国で多くの弁護士を輩出することができた。

◇

　インドネシアのアチェで2004年12月に起こった地震と津波で、市民は大被

害を受けた。日弁連では2005年にJICAから受託して、アチェのシャリア裁判所から依頼をうけた調停制度構築のためのセミナーを実施することとなり、同市を訪問した。すさまじい津波の被害は1年経った後も残り、復興もなかなか進まない状況であった。そのプロジェクトはアチェでセミナーを開催するだけでなく、帰国後も衛星テレビを利用したセミナーへと続き、最後にはインドネシアでの調停制度の構築支援を実施するきっかけの一つとなった。私自身も、紛争後の平和構築活動の一環としての司法支援活動だけではなく、自然災害後の同活動の重要性をつくづく感じた。東日本大震災の際の地震と津波の被災者の方への無料法律相談や、原発事故による損害賠償請求に対してADRセンターで仲介委員をしているのもその延長線にある。

◇

カンボジア王国弁護士会に対する支援をしている最中の2008年に、同弁護士会の会長選挙があり、その結果をめぐって法廷闘争となり、前会長が2年間暫定的な会長として継続するという異常な事態が生じた。それは、弁護士自治を法律で与えられている同弁護士会への政府の干渉でもあったように思う。私は2人の候補の仲介をしようと努力したが、うまくはいかなかった。途上国支援には、思わぬことが待ち受けている。それをどのように解決していく努力をするかが問われているのだと思う。

◇

これまでの17年間で一緒に仕事をしてきた何人かの方々が亡くなった。日弁連では、この活動に私を引き入れ、いつも背中を押していただいた松島洋先生（第一東京弁護士会）が今年急逝された。カンボジアでも、さまざまなプロジェクトをともにしたイー・ダン氏、スイ・ヌー氏、イン・バンチョン氏が帰らぬ人となった。そして、いつも厳しくそして温かく支えていただいた故・三ヶ月章先生（東京大学名誉教授、元法務大臣）を忘れることができない。深くご冥福をお祈りするとともに、これらの方々の思いを次に繋げていきたい。

日本には欧米に比べて人を育てることに長けている精神構造があると思う。伝統的な武士道や禅も、人づくりの側面がある。日本の国際司法支援のポリシーの一つである自立支援も、人を活かす文化といえよう。人を造り、人を育てること（内なる人づくりと外の人材養成）が、そうした活動にかかせないことを

強調したい。英語や仏語などの国際語の習得も重要だが、言語力でないコミュニケーション力の部分も重要である。我が国憲法の前文に記載しているように、日本の国民が「平和を維持し、専制と隷従、圧迫と偏狭を地上から永遠に除去しようと努めている国際社会において名誉ある地位を占め」るという責務を負っていることを自覚して、これからも我が国が国際司法支援活動を継続かつ拡大していくことを願ってやまない。

　最後に、本書を出版するにあたり、ご執筆いただいた執筆者の皆様そして長期にわたり支えていただいた現代人文社編集部の北井大輔氏に心から感謝を申し上げたい。

2012年9月5日

　　　　　　　　　　　　　　　日本弁護士連合会国際交流委員会委員長
　　　　　　　　　　　　　　　同委員会国際司法支援センターセンター長
　　　　　　　　　　　　　　　矢吹公敏

●編者

日本弁護士連合会　　〒100-0013　東京都千代田区霞が関1-1-3　電話03-3580-9841

●執筆者〔掲載順〕

矢吹公敏（やぶき・きみとし）	弁護士（東京弁護士会）、国際交流委員会委員長、同委員会国際司法支援センターセンター長
松尾　弘（まつお・ひろし）	慶應義塾大学法科大学院教授
佐藤直史（さとう・なおし）	弁護士（第二東京弁護士会）、国際交流委員会幹事、JICA国際協力専門員・元ベトナム長期専門家
本間佳子（ほんま・よしこ）	弁護士（東京弁護士会）、国際交流委員会幹事、元JICAカンボジア長期専門家
眞鍋佳奈（まなべ・かな）	弁護士（第二東京弁護士会）、国際交流委員会幹事、元JICAカンボジア長期専門家
石那田隆之（いしなだ・たかゆき）	弁護士（大阪弁護士会）、国際交流委員会委員、元JICAベトナム長期専門家
住田尚之（すみだ・たかゆき）	弁護士（東京弁護士会）、国際交流委員会幹事、元JICA中国長期専門家
上柳敏郎（うえやなぎ・としろう）	弁護士（第一東京弁護士会）、国際人権問題委員会副委員長、国際交流委員会幹事
吉澤敏行（よしざわ・としゆき）	弁護士（東京弁護士会）、国際交流委員会委員
宮家俊治（みやけ・しゅんじ）	弁護士（第二東京弁護士会）、国際人権問題委員会事務局長、国際交流委員会委員
神木　篤（かみき・あつし）	弁護士（岩手弁護士会）、国際交流委員会幹事、元JICAカンボジア長期専門家
田邊正紀（たなべ・まさのり）	弁護士（愛知弁護士会）、国際交流委員会幹事、元JICAモンゴル長期専門家
磯井美葉（いそい・みは）	弁護士（第一東京弁護士会）、国際交流委員会幹事、JICA国際協力客員専門員・元モンゴル長期専門家
角田多真紀（かくだ・たまき）	弁護士（京都弁護士会）、国際交流委員会委員、元JICAインドネシア長期専門家
平石　努（ひらいし・つとむ）	弁護士（東京弁護士会）、国際交流委員会委員、元JICAインドネシア企画調査員
鈴木多恵子（すずき・たえこ）	弁護士（第一東京弁護士会）、国際交流委員会幹事

※　国際交流委員会：日本弁護士連合会国際交流委員会
　　国際人権問題委員会：日本弁護士連合会国際人権問題委員会
　　JICA：独立行政法人国際協力機構

法律家の国際協力
日弁連の国際司法支援活動の実践と展望

2012年10月15日　第1版第1刷

編　者	日本弁護士連合会
発行人	成澤壽信
編集人	北井大輔
発行所	株式会社 現代人文社

〒160-0004 東京都新宿区四谷2-10 八ツ橋ビル7階
Tel: 03-5379-0307　Fax: 03-5379-5388
E-mail: henshu@genjin.jp（編集）　hanbai@genjin.jp（販売）
Web: www.genjin.jp

発売所	株式会社 大学図書
印刷所	株式会社 平河工業社
装　丁	Malpu Design（清水良洋）

検印省略　Printed in Japan
ISBN978-4-87798-529-5 C3032
©2012 Japan Federation of Bar Associations

◎本書の一部あるいは全部を無断で複写・転載・転訳載などをすること、または磁気媒体等に入力することは、法律で認められた場合を除き、著作者および出版者の権利の侵害となりますので、これらの行為をする場合には、あらかじめ小社または著者に承諾を求めて下さい。
◎乱丁本・落丁本はお取り換えいたします。